Bürgergeld

Beck-Rechtsberater im dtv

dtv.de | beck.de

ISBN 978-3-423-51285-5 (dtv)
ISBN 978-3-406-80749-7 (C.H.Beck)
ISBN 978-3-406-81256-9 (eBook)

ORIGINALAUSGABE
dtv Verlagsgesellschaft mbH & Co KG
Tumblingerstraße 21, 80337 München

Redaktionelle Verantwortung: Verlag C.H.Beck oHG
Wilhelmstraße 9, 80801 München
Druck: Westermann Druck Zwickau GmbH,
Crimmitschauer Straße 43, 08058 Zwickau
Satz: mediaTEXT Jena GmbH, Jena
Gestaltung: Sabina Sieghart, München

chbeck.de/nachhaltig

Gedruckt auf säurefreiem, alterungsbeständigem Papier
(hergestellt aus chlorfrei gebleichtem Zellstoff)

Kilz

Bürgergeld

Grundsicherung im Alter und bei Erwerbsminderung, Sozialhilfe, Wohngeld, Leistungen für Kinder und Jugendliche

14. Auflage

Beck-Rechtsberater im dtv

Inhalt

Der Autor

DR. GERHARD KILZ ist Professor für Recht an der katho, Katholische Hochschule Nordrhein-Westfalen, am Campus Paderborn. Im Fachbereich Sozialwesen vertritt er insbesondere die Gebiete des Sozialrechts und des Verwaltungsrechts im Studiengang Soziale Arbeit sowie im Masterstudiengang Sozialmanagement. Der Schwerpunkt der Lehre umfasst das Recht der sozialen Sicherung, insbesondere das Sozialhilferecht sowie die Grundsicherung für Arbeitssuchende. Seit über 20 Jahren ist er ferner Mitglied der Schiedsstelle beim Landesjugendamt des Landschaftsverbandes Westfalen Lippe (LWL). Neben der Vorstandsarbeit in verschiedenen sozialen Organisationen engagiert Dr. Kilz sich ehrenamtlich in der Arbeit mit wohnungslosen oder obdachlosen Menschen.

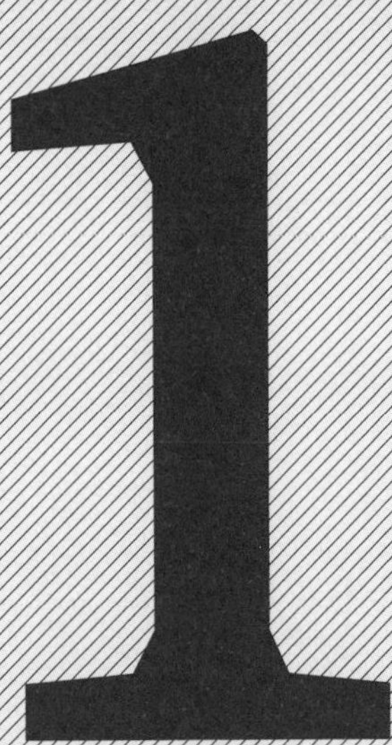

Die sozialrechtliche Existenzsicherung

Im ersten Kapitel wird ein Überblick über das System der sozialen Absicherung im SGB II und SGB XII gegeben. Es werden die Voraussetzungen für den Bezug der verschiedenen Sozialleistungen (Bürgergeld, Sozialhilfe, Grundsicherung im Alter und bei Erwerbsminderung) dargestellt.

1. Die sozialrechtliche Existenzsicherung

I. Hintergrund

Zum 1.1.2023 wurde das Bürgergeld als Grundsicherungsleistung in das Sozialrecht eingeführt. Dabei handelt es sich nicht um eine völlig neue Sozialleistung. Vielmehr wird im Wesentlichen an die Strukturen der Grundsicherung für Arbeitssuchende (Arbeitslosengeld II) angeknüpft. Wie diese ursprünglich, ist auch das Bürgergeld im SGB II geregelt. Das Bürgergeld ist also weiterhin eine Grundsicherung für Arbeitssuchende, die unter der Voraussetzung der Hilfebedürftigkeit gewährt wird. Auch ist das Bürgergeld gerade kein bedingungsloses Grundeinkommen, sondern setzt die Bereitschaft zur Aufnahme einer Erwerbstätigkeit voraus.

Da auch das Bürgergeld weiterhin eine Grundsicherung für Arbeitssuchende ist, sind Menschen, die vom ALTER oder ihrer ERWERBSFÄHIGKEIT her dem Arbeitsmarkt nicht zur Verfügung stehen können, auch künftig auf andere Sozialleistungen nach dem SGB XII (Sozialhilfe, Grundsicherung im Alter und bei Erwerbsminderung) angewiesen.

II. Wer erhält Bürgergeld?

Nach § 7 Abs. 1 SGB II erhalten Personen, die

- ☐ das 15. Lebensjahr vollendet und das gesetzliche Renteneintrittsalter noch nicht erreicht haben,
- ☐ erwerbsfähig und hilfebedürftig sind und
- ☐ ihren gewöhnlichen Aufenthalt in der Bundesrepublik Deutschland haben,
- ☐ Leistungen nach dem SGB II (Bürgergeld, Eingliederungsleistungen).
- ☐ Dies gilt auch für die mit ihnen in einer Bedarfsgemeinschaft lebenden Personen (§ 7 Abs. 2 SGB II).

III. Wer erhält Leistungen der Grundsicherung im Alter und bei Erwerbsminderung

Personen,

- die ihren persönlichen Aufenthalt im Inland haben und
- die gesetzliche Altersgrenze überschritten haben oder
- unabhängig von der jeweiligen Arbeitsmarktlage vollerwerbsgemindert im Sinne des § 43 Abs. 2 des SGB VI sind,

erhalten LEISTUNGEN nach den §§ 41–46 SGB XII. Ergänzend können sie Leistungen in sonstigen Lebenssituationen nach den §§ 47–74 SGB XII erhalten.

IV. Wer erhält Sozialhilfe?

Für alle anderen Personen ist Hilfe zum Lebensunterhalt nach den §§ 27–40 SGB XII zu leisten, wenn diese ihren notwendigen Lebensunterhalt nicht oder nicht ausreichend aus eigenen Kräften und Mitteln, insbesondere aus ihrem Einkommen und Vermögen beschaffen können. Der Personenkreis ist denkbar klein, weil die beiden obigen Gruppen alle wesentlichen Fallgestaltungen abdecken.

Beispiel zur Sozialhilfe:
Die 14-jährige Vollwaise, die nach dem Tode der Eltern von Freunden in den Haushalt aufgenommen wird, wobei die Freunde der Eltern selbst nicht nach dem SGB II/XII leistungsberechtigt sind.

Beispiel zu den Leistungen des SGB XII im Familienverbund:
Die Eheleute Gerd und Martina Müdenkamp sind nach einem schweren Verkehrsunfall beide erwerbsunfähig und leben mit ihren drei Kindern Philipp, Anna-Sophia und Antonia im Alter von 14, neun und sieben Jahren zusammen. Die Eltern sind grundsicherungsberechtigt nach §§ 41 ff. SGB XII, die Kinder sind sozialhilfeberechtigt nach §§ 27 ff. SGB XII.

V. Zuständigkeit für die Leistungsgewährung:

1. Leistungen des SGB II
Träger der Grundsicherung für Arbeitsuchende sind die

- die Bundesagentur für Arbeit
- die kreisfreien Städte und Kreise (kommunale Träger).

§ 6 Abs. 1 Ziff. 1 SGB II begründet für die Bundesagentur für Arbeit eine Grundzuständigkeit; das heißt, sie ist immer dann zuständig, wenn nicht ausnahmsweise nach § 6 Abs. 1 Ziff. 2 SGB II die kommunalen Träger zuständig sind. Die Zuständigkeit der kommunalen Träger besteht für

- die Leistungen nach § 16a SGB II (kommunale Eingliederungsleistungen wie Betreuung von Angehörigen, Schuldnerberatung, psychosoziale Betreuung, Suchtberatung),
- das Bürgergeld hinsichtlich der Bedarfe für Unterkunft und Heizung,
- die Leistungen der Erstausstattungen für die Wohnung, Erstausstattungen für Bekleidung sowie bei Schwangerschaft und Geburt (§ 24 Abs. 3 S. 1 Nr. 1 und 2 SGB II),
- die Bedarfe für Bildung und Teilhabe (§ 28 SGB II).

Die Bundesagentur für Arbeit als auch die kommunalen Träger haben zur Durchführung der einheitlichen Leistungserbringung eine gemeinsame Einrichtung gebildet (Jobcenter). Daneben gibt es die Möglichkeit einer einheitlichen Leistungserbringung ausschließlich durch kommunale Träger (§ 6a SGB II). Diese sog. Optionskommunen übernehmen die Aufgaben der Bundesagentur für Arbeit. Die Zahl der möglichen Optionskommunen ist aber beschränkt.

Für die Leistungen der Grundsicherung ist nach § 36 SGB II der Träger zuständig, in dessen Bezirk der erwerbsfähige Leistungsberechtigte seinen gewöhnlichen Aufenthalt hat. Soweit im Rahmen der Ausübung des Umgangsrechts nur für einen kurzen Zeitraum Leistungen an Minderjährige zu erbringen sind, ist hierfür der Träger an dem Ort zuständig, an dem die umgangsberechtigte Person ihren gewöhnlichen Aufenthalt hat. Bei Frauenhäusern gilt die Sonderregelung des § 36a SGB II: Sucht eine Person in einem Frauenhaus Zuflucht, ist der kommunale Träger am bisherigen gewöhnlichen Aufenthaltsort verpflichtet, dem durch die Aufnahme im Frauenhaus zuständigen kommunalen Träger am Ort des Frauenhauses die Kosten für die Zeit des Aufenthalts im Frauenhaus zu erstatten.

2. Leistungen des SGB XII

Nach § 3 SGB XII wird die Sozialhilfe von örtlichen und überörtlichen Trägern gewährt. Die örtlichen Träger sind die kreisfreien Städte und Landkreise (§ 3 Abs. 1 SGB XII), soweit das Landesrecht nichts anderes bestimmt. Die überörtlichen Träger werden wegen des unterschiedlichen Verwaltungsaufbaus der Länder durch die Länder bestimmt.

Die örtliche Zuständigkeit ergibt sich nach § 98 SGB XII aus dem tatsächlichen Aufenthalt des Hilfesuchenden; das heißt, der Betroffene kann sich immer an den Sozialhilfeträger wenden, in dessen Zuständigkeitsbereich er seinen Aufenthalt hat.

Die sachliche Zuständigkeit liegt im Allgemeinen bei den örtlichen Trägern (§ 97 Abs. 1 SGB XII). Der überörtliche Träger ist zuständig für Leistungen der Hilfe zur Pflege nach den §§ 61–66 SGB XII oder für Leistungen der Hilfe zur Überwindung besonderer sozialer Schwierigkeiten nach den §§ 67–69 SGB XII.

Zusammenfassung:
Die Leistungen des SGB II und des SGB XII setzen eine bestehende Hilfebedürftigkeit voraus. Für die Grundsicherung nach dem SGB II (Bürgergeld) ist die Erwerbsfähigkeit eine entscheidende Voraussetzung. Ist diese nicht gegeben, kommt ein Anspruch auf Sozialhilfe oder auf Grundsicherung im Alter und bei Erwerbsminderung in Betracht.

2 Grundsicherung für Arbeitssuchende nach dem SGB II

In diesem Kapitel werden zunächst die Leistungen des SGB II (Bürgergeld, Eingliederungsleistungen) beschrieben und die Anspruchsvoraussetzungen näher dargestellt. Von Bedeutung ist die Feststellung der Hilfsbedürftigkeit und der Erwerbsfähigkeit aber auch das Zusammenleben mit anderen Personen. Hierbei wird auf die Bedarfsgemeinschaft eingegangen.

2. Grundsicherung für Arbeitssuchende nach dem SGB II

I. Aufgabe und Ziel der Grundsicherung für Arbeitssuchende (§1 SGB II)

Das SGB II will aktive Leistungen zur Eingliederung in Arbeit und passive Leistungen zur Sicherung des Lebensunterhaltes gewähren. Ziel des Gesetzes ist es dabei, die Eigenverantwortung der erwerbsfähigen Leistungsberechtigten zu stärken und ihnen Hilfe zur Selbsthilfe zu geben, damit die erwerbsfähigen Leistungsberechtigten ihren Unterhalt aus einer eigenen Erwerbstätigkeit bestreiten können.

Leistungsspektrum des SGB II:

- ☐ Beratungsleistungen,
- ☐ Leistungen zur Beendigung oder Verringerung der Hilfebedürftigkeit, insbesondere durch Eingliederung in Arbeit und
- ☐ Leistungen zur Sicherung des Lebensunterhalts.

II. Grundsatz des Forderns (§2 SGB II)

§2 SGB II regelt die Pflichten der erwerbsfähigen Leistungsberechtigten. Sie und die mit ihnen in Bedarfsgemeinschaft zusammenlebenden Personen müssen sich vorrangig und eigeninitiativ um die Beendigung der Erwerbslosigkeit bemühen und sind deshalb gehalten, alle Möglichkeiten zur Beendigung oder Verringerung ihrer Hilfebedürftigkeit auszuschöpfen.

Erwerbsfähige Leistungsberechtigte müssen aktiv an allen Maßnahmen mitwirken, die ihre Eingliederung unterstützen sollen, insbesondere einen Kooperationsplan abschließen. Sie müssen sich eigenständig und eigeninitiativ um ihr berufliches Fortkommen bemühen.

Leitgedanke:
Ziel der Grundsicherung für Arbeitsuchende ist es, dass die erwerbsfähigen leistungsberechtigten Personen im Idealfall durch Aufnahme einer Beschäftigung unabhängig von den Bürgergeldleistungen werden. §2 SGB II korrespondiert dabei in gewisser Weise mit dem Subsidiari-

tätsgrundsatz des § 2 SGB XII („Sozialhilfe erhält nicht, wer sich vor allem durch Einsatz seiner Arbeitskraft, seines Einkommens und seines Vermögens selbst helfen kann oder wer die erforderliche Leistung von anderen, insbesondere von Angehörigen oder von Trägern anderer Sozialleistungen erhält.").

§ 2 Abs. 2 S. 2 SGB II weist deshalb noch einmal ausdrücklich darauf hin, dass erwerbsfähige Hilfebedürftige ihre Arbeitskraft zur Beschaffung des Lebensunterhalts für sich und für die mit ihnen in einer Bedarfsgemeinschaft lebenden Personen einsetzen müssen.

III. Leistungen des SGB II (§ 3 SGB II)

Auch wenn allgemein der Schwerpunkt in der allgemeinen Wahrnehmung auf Leistungen zur SICHERUNG DES LEBENSUNTERHALTES (BÜRGERGELD) liegt, so darf nicht übersehen werden, dass das Ziel des SGB II auch auf die EINGLIEDERUNG der hilfebedürftigen Leistungsberechtigten in den Arbeitsprozess liegt. Hier kann das Jobcenter vielfältige Maßnahmen umsetzten. Die Frage, welche Leistungen in Betracht kommen, unterliegt der Beurteilung des jeweiligen Fallmanagers (Sachbearbeiters). Bei der Entscheidung über die Leistungen zur Eingliederung in Arbeit sind

- die Eignung,
- die individuelle Lebenssituation, insbesondere die familiäre Situation,
- die voraussichtliche Dauer der Hilfebedürftigkeit und
- die Dauerhaftigkeit der Eingliederung des erwerbsfähigen Hilfebedürftigen

zu berücksichtigen.

Dabei sollen vorrangig solche Maßnahmen eingesetzt werden, die möglichst unmittelbar die Aufnahme einer Ausbildung oder Erwerbstätigkeit ermöglichen. Somit wird nunmehr auch der Qualifizierung der gleiche Stellenwert wie der Vermittlung in ein Arbeitsverhältnis eingeräumt.

Daneben werden ferner Leistungen zur Sicherung des Lebensunterhalts erbracht, soweit die bestehende Hilfebedürftigkeit nicht anderweitig beseitigt werden kann. Dies ist Ausdruck des Subsidiaritätsgedankens: Verpflichtungen und Leistungen anderer haben grundsätzlich Vorrang vor Leistungen nach dem SGB II.

Das Rangverhältnis zur Sozialhilfe (SGB XII) ist in § 5 Abs. 2 näher geregelt:

- der Anspruch auf Leistungen zur Sicherung des Lebensunterhalts (Bürgergeld) nach dem SGB II schließt Leistungen zur Sicherung des Lebensunterhalts nach dem SGB XII aus;
- Ansprüche auf Grundsicherung im Alter und bei Erwerbsminderung (§§ 41–46 SGB XII) sind allerdings gegenüber dem Bürgergeld, vorrangig.

Andere Sozialhilfeleistungen nach dem SGB XII könnten aber im Einzelfall ergänzend neben dem Bürgergeld gewährt werden. Dies hatte das Bundessozialgericht in der Vergangenheit für Hilfen zur Pflege und Hilfen zur Gesundheit in Betracht gezogen.

EXPERTENTIPP ZUR BEANTRAGUNG VON WOHNGELD:
Durch die Wohngeldreform („Wohngeld Plus") sind nunmehr die Leistungsumfänge deutlich ausgedehnt worden. Personen, die zu ihrem Einkommen lediglich einen geringen Anspruch auf Bürgergeld haben, sollten und müssen daher Wohngeld beantragen, da dadurch das Gesamteinkommen dauerhaft höher liegt als die bisherige Kombination aus Einkommen und Bürgergeld. Die betreffenden Bedarfsgemeinschaften haben folglich keinen Anspruch auf Bürgergeld mehr.

§ 5 Abs. 3 SGB II ermöglicht es der Bundesagentur für Arbeit, an der Stelle des Leistungsberechtigten selbst einen Antrag auf Leistungen bei anderen Trägern zu stellen, sowie Rechtsmittel und Rechtsbehelfe einzulegen, wenn er den Antrag trotz Aufforderung nicht gestellt hat. Auf diese Weise soll sichergestellt werden, dass Ansprüche gegen andere Träger realisiert werden können, um das Prinzip der Nachrangigkeit von Leistungen nach dem SGB II sicherzustellen. § 12a SGB II weist ausdrücklich auf die Pflicht hin, Sozialleistungen anderer Träger in Anspruch zu nehmen und auch zu beantragen. Es besteht aber keine Verpflichtung eine vorgezogene Altersrente vor Vollendung des 63. Lebensjahres zu beantragen. Auch der Kinderzuschlag und das Wohngeld müssen nur in Anspruch genommen werden, wenn dadurch die Hilfebedürftigkeit aller Mitglieder der Bedarfsgemeinschaft für einen Zeitraum von mindestens drei Monaten beseitigt werden würde.

III. Voraussetzungen für den Erhalt der Grundsicherungsleistungen nach § 7 Abs. 1 SGB II

Wenn Menschen Unterstützung benötigen, wird sicherlich zuerst an das Bürgergeld gedacht. Jedoch ist der Anspruch von bestimmten Voraussetzungen abhängig.

Die Gewährung des Bürgergeldes ist als Sozialleistung von verschiedenen Voraussetzungen abhängig. Diese werden im Folgenden näher dargestellt. Das Bürgergeld ist eine nachrangige Sozialleistung, die dann zum Tragen kommt, wenn andere Ressourcen zur Bestreitung des Lebensunterhaltes nicht zur Verfügung stehen. Das Gesetz bezeichnet dies als Hilfebedürftigkeit. Da es sich auch um eine Grundsicherung für Arbeitssuchende handelt, ist eine weitere Bedingung die sog. Erwerbsfähigkeit. Es wird geprüft, inwieweit eine Person in der Lage ist zu arbeiten und damit dem Arbeitsmarkt zur Verfügung steht. Eine Person, die nicht in der Lage ist zu arbeiten, hat keinen Anspruch auf Bürgergeld.

Personen haben einen Anspruch auf Leistungen nach § 7 Abs.1 SGB II, wenn sie:

- das 15. Lebensjahr vollendet und die gesetzliche Altersgrenze (gesetzliche Renteneintrittsalter) noch nicht erreicht haben,
- erwerbsfähig und
- hilfebedürftig sind sowie
- ihren gewöhnlichen Aufenthalt in der Bundesrepublik Deutschland haben.
- Ferner darf im Einzelfall kein gesetzlicher Ausschluss vorliegen.
- Leistungen erhalten aber auch Personen, die das 15. Lebensjahr noch nicht vollendet haben oder
- nicht erwerbsfähig sind, wenn sie in einer BEDARFSGEMEINSCHAFT mit einem erwerbsfähigen Leistungsberechtigten leben.

1. Altersspanne

Da das SGB II sich mit den Eingliederungsleistungen und dem Bürgergeld an Personen wendet, die grundsätzlich dem Arbeitsmarkt zu Verfügung stehen könnten, gilt es eine Altersspanne für den Bezug. Sie reicht vom vollendeten 15. Lebensjahr bis zum Renteneintrittsalter. Die Altersgrenze von 65 Jahren ist daher durch § 7a SGB II für Personen, die nach dem 31.12.1946 geboren sind, sukzessive bis zum 67. Lebensjahr wie folgt angehoben worden:

Anhebung der Altersgrenze:

Für den Geburts-jahrgang	erfolgt eine Anhebung um Monate	auf Vollendung eines Lebensalters von
1947	1	65 Jahren und 1 Monat
1948	2	65 Jahren und 2 Monaten
1949	3	65 Jahren und 3 Monaten
1950	4	65 Jahren und 4 Monaten
1951	5	65 Jahren und 5 Monaten
1952	6	65 Jahren und 6 Monaten
1953	7	65 Jahren und 7 Monaten
1954	8	65 Jahren und 8 Monaten
1955	9	65 Jahren und 9 Monaten
1956	10	65 Jahren und 10 Monaten
1957	11	65 Jahren und 11 Monaten
1958	12	66 Jahren
1959	14	66 Jahren und 2 Monaten
1960	16	66 Jahren und 4 Monaten
1961	18	66 Jahren und 6 Monaten
1962	20	66 Jahren und 8 Monaten
1963	22	66 Jahren und 10 Monaten
ab 1964	24	67 Jahren.

2. Erwerbsfähigkeit

Nach § 8 Abs. 1 SGB II ist erwerbsfähig, wer nicht wegen Krankheit oder Behinderung auf absehbare Zeit außerstande ist, unter den üblichen Bedingungen des allgemeinen Arbeitsmarktes mindestens drei Stunden täglich erwerbstätig zu sein.

Prüfung der Erwerbsfähigkeit:

- ☐ In diesem Zusammenhang muss die individuelle gesundheitliche Leistungsfähigkeit der jeweiligen Person berücksichtigt werden, andererseits aber auch mögliche rechtliche Einschränkungen, wie eine fehlende Arbeitserlaubnis für Ausländer und Ausländerinnen (siehe § 8 Abs. 2 SGB II).

- ☐ Zeitliche Beschränkungen wegen Kindererziehung oder der Pflege von Angehörigen spielen für die Beurteilung der Erwerbsfähigkeit keine Rolle; derartige Aspekte sind allerdings bei der Zumutbarkeit der Aufnahme einer Arbeitstätigkeit (§ 10 SGB II) zu beachten.
- ☐ Erwerbsfähig ist auch, wer bei einer Erkrankung die gesundheitlichen Voraussetzungen für eine mindestens dreistündige tägliche Arbeitszeit voraussichtlich innerhalb von sechs Monaten erfüllen wird. Ist bei einer Erkrankung (zB komplizierter Beinbruch) nach einer ärztlichen Prognose von der Aufnahme einer dreistündigen täglichen Beschäftigung innerhalb der kommenden sechs Monate auszugehen, ist folglich die Erwerbsfähigkeit gem. § 8 SGB II zu bejahen. Damit ist diese Leistungsvoraussetzung für den Bezug des Bürgergeldes erfüllt, auch wenn aktuell krankheitsbedingt nicht gearbeitet werden kann.

Die Vorschrift des § 8 Abs. 1 SGB II umreißt also den Personenkreis der Erwerbsfähigen und grenzt diesen von den Leistungsberechtigten der Sozialhilfe/der Grundsicherung gem. §§ 19 SGB XII, 41 SGB XII ab. Entsteht zwischen der Agentur für Arbeit, dem kommunalen Träger, einem bei voller Erwerbsminderung zuständigen Träger oder der Krankenkasse Streit darüber, ob der Hilfesuchende erwerbsfähig ist, entscheidet die Agentur für Arbeit (§ 44a SGB II). Wird die Auffassung der Agentur für Arbeit nicht geteilt, können die betroffenen Träger Widerspruch einlegen. In diesem Fall wird von der Bundesagentur der Arbeit ein Gutachten des zuständigen Trägers der Rentenversicherung eingeholt. Dieses ist dann für die weitere Entscheidung der Bundesagentur für Arbeit bindend. Auf diese Weise wird für alle Beteiligten verbindlich eine Feststellung zur Erwerbsfähigkeit einer Person getroffen (siehe hierzu § 44a Abs. 2 SGB II).

Bis zu einer Entscheidung über den Widerspruch werden, soweit die anderen Voraussetzungen gegeben sind, von der Bundesagentur für Arbeit und dem kommunalen Träger die Leistungen der Grundsicherung für Arbeitssuchende erbracht.

EXPERTENTIPP ZUR ARBEITSGENEHMIGUNG BEI AUSLÄNDERN UND AUSLÄNDERINNEN:
Nach § 8 Abs. 2 SGB II können AUSLÄNDER nur erwerbstätig sein, wenn ihnen die Aufnahme einer Beschäftigung erlaubt ist oder erlaubt werden könnte. Die Frage, ob ein solcher Arbeitsmarktzugang rechtlich gewährt wird, richtet sich dabei ausschließlich nach den durch das SGB II insoweit unberührten Regelungen zur Arbeitserlaubnis. Bei EU-Ausländern gilt das Freizügigkeitsgesetz/EU.

3. Hilfebedürftigkeit

§ 9 Abs. 1 SGB II regelt die HILFEBEDÜRFTIGKEIT. Hilfebedürftig ist danach, wer seinen Lebensunterhalt nicht oder nicht ausreichend aus eigenen Kräften und Mitteln, vor allem nicht

- aus dem zu berücksichtigenden Einkommen oder Vermögen, sichern kann (§§ 11, 12 SGB II),

- und die erforderliche Hilfe nicht von anderen, insbesondere von Angehörigen
- oder von Trägern anderer Sozialleistungen erhält.

Der Leistungsberechtigte ist verpflichtet, seine Arbeitskraft (siehe § 10 SGB II) sowie das zu berücksichtigende EINKOMMEN (§ 11 SGB II) und VERMÖGEN (§ 12 SGB II) einzusetzen, um seine Bedürftigkeit zu vermeiden. Dies korrespondiert mit den Grundsätzen des Forderns, insbesondere der Eigenverantwortung (§ 2 SGB II) und greift den Subsidiaritätsgrundsatz der Sozialhilfe (§ 2 SGB XII) auf. Die Feststellung der Hilfebedürftigkeit bildet einen Schwerpunkt bei der Prüfung, ob und in welchem Umfang einer Person Leistungen nach dem SGB II zustehen. Die bei Ermittlung des anrechenbaren Einkommens und Vermögens zu beachtenden Aspekte werden daher in den nachfolgenden Kapiteln intensiver betrachtet.

§ 10 SGB II regelt den Umfang der ZUMUTBAREN ARBEIT. Nach § 10 Abs. 1 SGB II ist dem erwerbsfähigen Leistungsberechtigten JEDE ARBEIT zumutbar, es sei denn, dass

- er zu einer bestimmten Arbeit körperlich, geistig oder seelisch nicht in der Lage ist (etwa körperliche Gründe: Bei Venenerkrankungen Tätigkeiten mit langem Stehen, bei Fehlbildungen am Skelett, Arbeiten mit überwiegenden Zwangshaltungen; seelische Gründe: Beschäftigung beim früheren Arbeitgeber, wenn das Beschäftigungsverhältnis wegen Mobbing oder sexueller Belästigung beendet worden ist, bei Essstörungen als Koch zu arbeiten, bei Alkoholismus als Barkeeper zu arbeiten oder bei Depressionen in überwiegend stressigen Bereichen eingesetzt zu werden),
- die Ausübung der Arbeit ihm die künftige Ausübung seiner bisherigen überwiegenden Arbeit wesentlich erschweren würde, weil die bisherige Tätigkeit besondere körperliche Anforderungen stellt (etwa einem Konzertviolinisten, der über eine besondere Fingerfertigkeit verfügen muss, ist es nicht zuzumuten, als Maurer zu arbeiten, weil er dadurch seine Fingerfertigkeit verlieren würde),
- die Ausübung der Arbeit die Erziehung seines Kindes oder des Kindes seines Partners gefährden würde; die Erziehung eines Kindes, das das 3. Lebensjahr vollendet hat, ist in der Regel nicht gefährdet, soweit seine Betreuung in einer Tageseinrichtung oder in Tagespflege im Sinne der Vorschriften des SGB VIII oder auf sonstige Weise sichergestellt ist.

- die Ausübung der Arbeit mit der Pflege eines Angehörigen nicht vereinbar wäre und die Pflege nicht auf andere Weise sichergestellt werden kann. Angehörige können dabei neben dem Ehegatten oder dem gleichgeschlechtlichen Partner, einem Lebenspartner, darüber hinaus Geschwister, Verwandte und Verschwägerte aber auch Stiefkinder oder sonstige Personen sein, mit denen der Arbeitspflichtige langjährig in Haushaltsgemeinschaft zusammenlebt.
- der Ausübung der Arbeit ein sonstiger wichtiger Grund entgegensteht. Hierbei kann es sich um religiöse oder weltanschauliche Gründe handeln, die der Aufnahme einer bestimmten Tätigkeit entgegenstehen könnten. Im Einzelfall ist daher die grundgesetzlich geschützte Glaubens- und Gewissensfreiheit bei der Bewertung der Zumutbarkeit zu beachten. Die Zumutbarkeit richtet sich ferner grundsätzlich nicht nach der Höhe des Entgelts einer Beschäftigung, wobei auch untertarifliche Entlohnungen zumutbar sein könnten. Unzumutbar ist allerdings die Aufnahme einer Arbeit dann, wenn die Entlohnung gegen das Gesetz (Unterschreitung des gesetzlichen Mindestlohnes) oder gegen die guten Sitten verstößt. Sittenwidrigkeit kann angenommen werden, wenn das Lohnangebot mindestens 30 % unter einem einschlägigen Tarifvertrag oder einer ansonsten ortsüblichen Entlohnung liegt. Ein wichtiger Grund wäre auch eine mögliche Gesundheitsgefährdung. Verstößt der Arbeitgeber gegen Vorschriften der Arbeitssicherheit (zB Schutzausrüstung wird nicht zur Verfügung gestellt) oder wird der Mitarbeiter durch Mobbing oder Stalking einem seelischen Druck ausgesetzt, ist die Beschäftigung nicht zumutbar. In den geschilderten Fällen muss eine Arbeit nicht aufgenommen und auch nicht fortgesetzt werden.

Der einer Aufnahme der Erwerbstätigkeit entgegenstehende individuelle Grund des Erwerbsfähigen muss im Verhältnis zu den Interessen der Allgemeinheit, die die Leistungen an den Erwerbsfähigen und die Mitglieder der Bedarfsgemeinschaft aus Steuermitteln erbringt, besonderes Gewicht haben. Grundsätzlich müssen deshalb persönliche Interessen zurückstehen.

Eine Arbeit ist nicht allein deshalb unzumutbar, weil sie nicht einer früheren beruflichen Tätigkeit des erwerbsfähigen Hilfebedürftigen entspricht, für die er ausgebildet ist oder die er ausgeübt hat.

EXPERTENTIPP ZUR GEFAHR EINER LEISTUNGSMINDERUNG:
Weigert sich der erwerbsfähige Leistungsberechtigte eine zumutbare Arbeit auszuüben, kann eine Kürzung des Bürgergeldes nach §§ 31 ff. SGB II (Leistungsminderung) eintreten. Dies wäre der Fall, wenn kein wichtiger Grund für dieses Verhalten nachgewiesen wird.

4. Aufenthalt in Deutschland
Eine weitere Voraussetzung ist der gewöhnliche Aufenthalt in Deutschland. Leistungen des SGB II, wie das Bürgergeld, können nicht an Personen erbracht werden, die sich nicht in Deutschland aufhalten. Denn die Grundsicherung für Arbeitssuchende bezweckt ja gerade die Eingliederung in den Arbeitsmarkt. Damit unterscheiden sich SGB II-Leistungen von anderen Sozialleistungen wie die gesetzliche Rente oder dem das Kindergeld, die ins Ausland transferiert werden können.

5. Kein gesetzlicher Ausschluss des Leistungsbezuges
Auch wenn die Voraussetzungen für den Bezug des Bürgergeldes eigentlich vorliegen, kann der Anspruch darauf dennoch nicht bestehen. Das Gesetz sieht für bestimmte Situation einen Ausschluss vor.

AUFENTHALTSSTATUS
Das Bürgergeld wird grundsätzlich unabhängig von der deutschen Staatsangehörigkeit geleistet. Jedoch sind aus dem Kreis der Anspruchsberechtigten aber Ausländer/Ausländerinnen sowie deren Familienangehörige ausgeschlossen, die unter die Regelungen des § 7 ABS. 1 S. 2 NR. 1–3 SGB II fallen:

Auswirkungen des Aufenthaltsstatus von Ausländerinnen und Ausländern:

- ☐ Ein Anspruch auf Bürgergeld ist für die ERSTEN DREI MONATE ihres Aufenthaltes ausgeschlossen.
- ☐ Zugleich werden aber auch AUSNAHMEN hiervon normiert. Sind Ausländer/Ausländerinnen als ARBEITNEHMER oder als SELBSTÄNDIGE tätig, fällt der Ausschluss weg. Es besteht dann weiterhin ein uneingeschränkter Anspruch. Dies ist der Fall, wenn das Arbeitsentgelt (wie beispielsweise bei einem Mini-Job) so gering ist, dass davon der eigene Lebensunterhalt und der der Familie nicht bestritten werden kann. Über die Anwendung des § 2 Abs. 3 FreizüG/EU werden Personen den Arbeitnehmern/Selbstständigen gleichgestellt, die insbesondere eine vorübergehende Erwerbsminderung infolge von Krankheit oder Unfall aufweisen. Gleiches gilt, wenn eine unfreiwillige Arbeitslosigkeit beziehungsweise Aufgabe der Selbständigkeit nach mehr als einem Jahr der Ausübung vorliegt. Auch gilt der Ausschluss vom Bezug des Bürgergeldes für die ersten drei Monate nicht, wenn die betroffenen Personen ein Aufenthaltsrecht aus VÖLKERRECHTLICHEN, HUMANITÄREN ODER POLITISCHEN GRÜNDEN erhalten haben (§ 7 Abs. 1 S. 3).

- ☐ Ferner ist ein Anspruch auf Bürgergeld nicht gegeben, wenn KEIN Aufenthaltsrecht besteht, beziehungsweise das Aufenthaltsrecht sich ALLEIN aus dem Zweck der Arbeitssuche ergibt. Dann erhalten auch die Familienangehörigen keine Leistungen nach dem SGB II. Allerdings gilt dieser Leistungsausschluss für Ausländerinnen und Ausländern sowie deren Familienangehörigen nicht, wenn sie seit mindesten fünf Jahren ihren gewöhnlichen Aufenthalt in Deutschland haben.
- ☐ Leistungsberechtigte nach § 1 Asylbewerberleistungsgesetz haben ebenfalls keinen Anspruch auf SGB II-Leistungen. Sie fallen erst nach Anerkennung und dem Erhalt eines Aufenthaltsrechtes in den Anwendungsbereich des SGB II.

STATIONÄRE EINRICHTUNG ODER RENTENBEZUG

Nach § 7 ABS. 4 SGB II erhalten Personen, die

- in einer stationären Einrichtung untergebracht sind oder
- eine Rente wegen Alters oder eine Knappschaftsausgleichsleistung oder ähnliche Leistungen öffentlich-rechtlicher Art beziehen,

keine Leistungen nach dem SGB II.

Dem Aufenthalt in einer STATIONÄREN EINRICHTUNG ist der Aufenthalt in einer Einrichtung zum Vollzug richterlich angeordneter Freiheitsentziehung gleichgestellt. Die vorgenannten Ausschlusstatbestände gelten dann nicht, wenn jemand voraussichtlich für weniger als 6 Monate in einem KRANKENHAUS im Sinne des § 107 SGB V untergebracht ist oder wenn eine Person in einer stationären Einrichtung untergebracht ist und unter den üblichen Bedingungen des allgemeinen Arbeitsmarktes mindestens 15 Wochenstunden erwerbstätig ist. Bürgergeld erhält daher nicht, wer absehbar für länger als 6 Monate vollstationär in einer Anstalt, einem Heim oder einer ähnlichen Einrichtung untergebracht ist (etwa im Rahmen von Resozialisierungsmaßnahmen bei Hilfen zur Überwindung besonderer sozialer Schwierigkeiten, §§ 67 ff. SGB XII).

Stationäre Unterbringung:

- Von einer stationären Unterbringung ist dann auszugehen, wenn neben der Unterbringung der Einrichtungsträger von der Aufnahme bis zur Entlassung im Rahmen des angewandten Therapiekonzeptes die Gesamtverantwortung für die tägliche Lebensführung übernimmt und Gemeinschaftseinrichtungen vorhanden sind. Zu derartigen stationären Einrichtungen zählen insbesondere Altenpflegeheime, Kurheime, therapeutische Wohngemeinschaften und Krankenhäuser.

- Nicht dazu zählen dagegen solche Einrichtungen, in denen lediglich die Unterkunft zur Verfügung gestellt wird, die Person ihren Tagesablauf aber überwiegend außerhalb der Einrichtung verbringt. Dies ist insbesondere dann der Fall, wenn sie regelmäßig an den Wohnort zurückkehrt, beispielsweise bei der Unterbringung von Kindern in Internaten oder bei Werkstätten für Menschen mit Behinderungen mit täglicher Rückkehr.
- Bei sogenannten therapeutischen Wohngemeinschaften kommt es auf die konkrete Ausgestaltung der Organisation und des Konzeptes an. Soweit der Alltag eigenverantwortlich und autonom von den Bewohnern gestaltet werden kann, handelt es sich nicht um eine stationäre Einrichtung.
- Einrichtungen zum Vollzug richterlich angeordneter Freiheitsentziehung sind den vollstationären Einrichtungen gleichgestellt. Eine richterlich angeordnete Freiheitsentziehung liegt beispielsweise bei dem Vollzug von Strafhaft oder Untersuchungshaft vor.

Beispiel für den Ausschlussgrund der Unterbringung in einer stationären Einrichtung:
Gerda F. (21 Jahre) lebt seit einem Jahr mit ihrem Freund W. zusammen. Sie ist arbeitslos und verfügt über keine abgeschlossene Berufsausbildung. In den letzten Monaten kam es immer wieder zu tätlichen Auseinandersetzungen mit ihrem Freund. Ursache der Auseinandersetzungen war dabei nicht zuletzt auch regelmäßig reichlicher Alkoholkonsum. Nach einem heftigen Streit mit W. verlässt sie die gemeinsame Wohnung; nach einem 4-wöchigen Aufenthalt bei ihrer Schwester, der ebenfalls im Streit endet, ist sie zunächst obdachlos und wird dann in einer sozialtherapeutischen Einrichtung für wohnungslose Frauen aufgenommen. Nach einer ausführlichen Sozialanamnese kommt die Einrichtung zu dem Ergebnis, dass Gerda F. für einen längeren Zeitraum von mindestens 12 Monaten zur Vorbereitung auf eine eigenständige Lebensführung in einer stationären Einrichtung leben sollte.

Gerda F. ist zwar grundsätzlich erwerbsfähig, fällt aber unter die Ausschlussklausel des § 7 ABS. 4 SGB II; die Kosten des Aufenthalts in der Einrichtung müssten nach §§ 67 ff. SGB XII vom zuständigen Sozialhilfeträger wegen der mit den besonderen Lebensverhältnissen der Gerda F. verbundenen sozialen Schwierigkeiten übernommen werden.

Beispiel für den Ausschlussgrund des Rentenbezugs:
Winfried R. ist mit 63. Jahren in den Ruhestand eingetreten, ohne erwerbsunfähig zu sein. Er kann deshalb nach § 7 Abs. 4 SGB II kein (ergänzendes) Bürgergeld beziehen, sondern stattdessen käme Hilfe zum Lebensunterhalt nach den §§ 27 ff. SGB XII in Betracht.

Der Bezug einer Vollrente wegen Alters nach dem SGB VI führt – unabhängig von deren Höhe und dem Eintrittsalter – zum Wegfall des Anspruchs auf Leistungen der Grundsicherung für Arbeitssuchende. Ähnliches gilt für vergleichbare ausländische Sozialleistungen. Reicht die Altersrente nicht aus, um den Bedarf zu decken, sind gegebenenfalls ergänzende Leistungen zur Grundsicherung im Alter nach dem 4. Kapitel des SGB XII durch den Träger der Sozialhilfe zu erbringen. Da vor Vollendung des 65. Lebensjahres kein Anspruch auf Leistungen der Grundsicherung im Alter besteht, ist zur Deckung des Bedarfs in diesen Fällen in der Regel auf die Hilfe zum Lebensunterhalt nach §§ 27 ff. SGB XII zu verweisen.

ERREICHBARKEIT
Erwerbsfähige Leistungsberechtigte erhalten nach § 7B ABS. 1 SGB II aber nur dann Leistungen, wenn sie ERREICHBAR sind. Die Erreichbarkeit ist gegeben, wenn der erwerbstätige Leistungsberechtigte sich im näheren Bereich des zuständigen Jobcenters aufhält und werktäglich die Mitteilungen/Aufforderungen des Jobcenters zur Kenntnis nehmen kann. Hierfür genügt es, dass es ihm möglich ist, das zuständige Jobcenter, einen potenziellen Arbeitgeber oder den Durchführungsort einer Integrationsmaßnahme in einer für den Vermittlungsprozess ANGEMESSENEN ZEITSPANNE und ohne unzumutbaren oder die Eigenleistungsfähigkeit übersteigenden AUFWAND aufzusuchen (§ 7b Abs. 1 Satz 3 SGB II). Letztlich muss die Briefpost des Jobcenters nicht mehr persönlich zuhause gelesen werden. Es genügt, wenn der Inhalt durch andere Personen (Eltern, Mitbewohner) durch Vorlesen oder als Mailanhang vermittelt wird.

Der erwerbsfähige Leistungsberechtigte braucht sich folglich nicht ständig an seinem Wohnort aufhalten. Er muss aber in der Lage sein zeitnah und mit einem vertretbaren Aufwand auf die Aufforderung des Jobcenters zu reagieren. Dies ist der Fall, wenn die Anreise und damit die unmittelbare Kontaktaufnahme innerhalb von 2,5 Stunden möglich sind. Zu dem näheren Bereich zählt daher auch ein Bereich im grenznahen Ausland. Damit sind insgesamt die früheren weitaus strengeren restriktiven Vorgaben wesentlich gelockert worden. Insbesondere die weitere Konkretisierung des näheren Bereichs erfolgt durch eine Rechtsverordnung des Bundesministeriums für Arbeit und Soziales (§ 13 ABS. 3 SGB II).

Beispiel für die fehlende Erreichbarkeit:
Frau Hering, 41 Jahre alt, wohnhaft in Stuttgart, fährt im Juli für vier Wochen zu ihrer Schwester nach Cuxhaven, ohne das Jobcenter hiervon zu informieren. Das Bürgergeld für Frau Hering wird deshalb vom Jobcenter komplett nach § 7b SGB II gestrichen, denn sie schafft es nicht innerhalb der angemessenen Zeitspanne zum für sie örtlichen Jobcenter zurückzukehren.

Diese Vorgaben zur Erreichbarkeit gelten aber nur für erwerbsfähige Leistungsberechtigte, da hierdurch der Vermittlungs- und Eingliederungsprozess abgesichert werden soll. Nichterwerbsfähige Leistungsberechtigte stehen dem Arbeitsmarkt von vornherein nicht zu Verfügung und müssen folglich auch nicht erreichbar sein.

Leistungen werden aber weiterhin erbracht, wenn für die Abwesenheit, also für den Aufenthalt außerhalb des näheren Bereichs, ein WICHTIGER GRUND gegeben ist und das Jobcenter dem Aufenthalt zugestimmt hat. Ein derartiger wichtiger Grund liegt insbesondere vor bei

- der Teilnahme an einer ärztlich verordneten Maßnahme der medizinischen Vorsorge oder Rehabilitation
- der Teilnahme an einer Veranstaltung, die staatspolitischen, kirchlichen oder gewerkschaftlichen Zwecken dient oder im öffentlichen Interesse liegt,
- Aufenthalten außerhalb des näheren Bereichs, die der Eingliederung in Ausbildung oder Arbeit dienen oder
- der Ausübung einer ehrenamtlichen Tätigkeit.

EXPERTENTIPP ZUR BEACHTUNG BEI MELDEVERSÄUMNISSEN:
Bei einem bloßen Verstoß gegen Meldeversäumnisse kommt eine Leistungskürzung nach § 32 Abs. 1 SGB II in Betracht.

Liegt kein wichtiger Grund vor, werden Leistungen bei fehlender Erreichbarkeit weiter erbracht, wenn das Jobcenter dem vorab zugestimmt hat UND die Eingliederung in Ausbildung oder Arbeit hierdurch nicht wesentlich beeinträchtigt wird. Die Zustimmung zu Abwesenheiten ohne wichtigen Grund soll in der Regel für insgesamt maximal drei Wochen im Kalenderjahr erteilt werden. Es handelt sich um eine Ermessensentscheidung des Jobcenters. Hierdurch wird den erwerbsfähigen Leistungsberechtigten zB ein Urlaub oder der Besuch von Verwandten oder Freunden ermöglicht.

AUSBILDUNG ODER STUDIUM

Der AUSSCHLUSSTATBESTAND DES § 7 ABS. 5 SGB II bestimmt, dass Auszubildende und Studierende keinen Anspruch auf Leistungen zur Sicherung des Lebensunterhalts nach den Vorschriften der §§ 19–26 SGB II erhalten, wenn ihre Ausbildung grundsätzlich nach dem BAföG gefördert werden kann. Von diesem Leistungsausschluss ausgenommen sind die Leistungen nach § 27 SGB II. Allerdings gibt es nach § 7 ABS. 6 SGB II vielfältige Ausnahmen von dem Ausschluss, sodass im Ergebnis Leistungen nach dem SGB II für viele Auszubildende und Studierende dann doch nicht ausgeschlossen sind. Dies bedeutet im Ergebnis eine Öffnung des Bürgergeldes: So erhalten zB Schülerinnen und Schüler von weiterführenden allgemeinbildenden Schulen, wenn sie bei den Eltern wohnen, keine BAföG-Leistungen. Sie sind daher weiterhin hinsichtlich der SGB II-Leistungen anspruchsberechtigt. Dies gilt auch für Schülerinnen und Schüler von Abendhauptschulen, Abendrealschulen oder Abendgymnasien, wenn sie altersbedingt keinen Anspruch auf BAföG-Leistungen haben. Des Weiteren können vielfach weitere Auszubildene/Schüler sowie bei ihren Eltern wohnende Studierende (Hochschulen, Akademien oder höheren Fachschulen), Grundsicherungsleistungen erhalten, soweit sie BAföG-Leistungen bekommen bzw. wegen des der Berücksichtigung von Einkommen und Vermögen nicht bekommen.

IV. Bedeutung des Zusammenlebens mit anderen Personen für den Leistungsbezug

Das Zusammenleben mehrere Personen ist auch für die Leistungen des SGB II, also auch für das Bürgergeld, von Bedeutung. Nach § 7 Abs. 2 S. 1 SGB II besteht ein Leistungsanspruch auch für nichterwerbsfähige Personen, die mit erwerbsfähigen Leistungsberechtigten in einer Bedarfsgemeinschaft leben. Sie müssen dann nicht einen Anspruch auf Sozialhilfe geltend machen, sondern für die Bedarfsgemeinschaft werden Leistungen einheitlich vom Jobcenter erbracht.

Das Bestehen einer Bedarfsgemeinschaft hat ferner auch AUSWIRKUNGEN auf den Leistungsbezug:

- Der Regelbedarf für Personen, die als Partner in einer Bedarfsgemeinschaft zusammenleben, beträgt für beide jeweils 90 % des Regelbedarfs einer alleinstehenden Person.
- Bei der Frage, ob eine Hilfebedürftigkeit besteht, werden auch das Einkommen und Vermögen des Partners mit in die Prüfung einbezogen (§ 9 Abs. 2 S. 1 SGB II).
- In der Bedarfsgemeinschaft mit Kindern sind ferner auch Einkommen und Vermögen der Eltern bzw. eines Elternteils und dessen Partners bei der Hilfebedürftigkeit der Kinder zu berücksichtigen (§ 9 Abs. 2 S. 2 SGB II).

- Wenn der Gesamtbedarf einer Bedarfsgemeinschaft nicht abgedeckt wird, weil zB die erzielten Einnahmen dafür nicht ausreichen, gelten alle Mitglieder der Bedarfsgemeinschaft als hilfebedürftig. Dies gilt auch, wenn das Einkommen einer Person deren Bedarf eigentlich vollständig abdecken würde. Die erzielten Einnahmen werden in diesem Fall anteilsmäßig auf die Mitglieder der Bedarfsgemeinschaft verteilt.

Unter der Bedarfsgemeinschaft fallen einmal alle FORMEN DES ZUSAMMENLEBENS, wie sie auch vom Familienrecht geregelt werden; die Ehepartner, die Familie und die Lebenspartner im Sinne des Lebenspartnerschaftsgesetzes. Darüber hinaus können auch andere Formen des Zusammenlebens, die im Familienrecht nicht geregelt sind, eine Bedarfsgemeinschaft darstellen.

Zu einer BEDARFSGEMEINSCHAFT (§ 7 Abs. 2 und 3 SGB II) gehören:

Bedarfsgemeinschaften:

- ☐ die erwerbsfähigen Leistungsberechtigten (§ 7 Abs. 3 Nr. 1 SGB II),
- ☐ die im Haushalt lebenden Eltern oder der im Haushalt lebende Elternteil eines unverheirateten erwerbsfähigen Kindes, welches das 25. Lebensjahr noch nicht vollendet hat und der im Haushalt lebende Partner dieses Elternteils (§ 7 Abs. 3 Nr. 2 SGB II),
- ☐ als Partner der erwerbsfähigen Leistungsberechtigten
  - der nicht dauernd getrennt lebende Ehegatte
  - der nicht dauernd getrennt lebende Lebenspartner im Sinne des Lebenspartnerschaftsgesetzes
  - eine Person, die mit dem erwerbsfähigen Leistungsberechtigten in einem gemeinsamen Haushalt so zusammenlebt, dass nach verständiger Würdigung der wechselseitige Wille anzunehmen ist, Verantwortung füreinander zu tragen und füreinander einzustehen (§ 7 Abs. 3 Nr. 3 SGB II).
- ☐ die dem Haushalt angehörenden unverheirateten Kinder der zuvor genannten Personen, wenn sie das 25. Lebensjahr noch nicht vollendet haben, soweit sie ihren Lebensunterhaltes nicht aus eigenem Einkommen und Vermögen bestreiten können (§ 7 Abs. 3 Nr. 4 SGB II).

Nach § 7 Abs. 3a SGB II wird für unverheiratete, zusammenlebende Personen ein „wechselseitiger Wille Verantwortung füreinander zu tragen und füreinander einzustehen" dann vermutet, wenn die Partner

- länger als ein Jahr zusammenleben,
- mit einem gemeinsamen Kind zusammenleben,
- Kinder oder Angehörige im Haushalt versorgen oder
- befugt sind, über Einkommen oder Vermögen des anderen zu verfügen.

Die vorstehend aufgezählten Umstände stellen jedoch nur die Voraussetzungen für eine gesetzliche Vermutung im Sinne von § 7 Abs. 3a SGB II dar. Sie sind nicht abschließend. Liegt keine dieser Tatsachen vor oder wird eine entsprechende Vermutung widerlegt, können dennoch weitere Lebensumstände auf eine sogenannte „Einstehensgemeinschaft" schließen lassen (der Leistungsträger ist hierfür beweispflichtig!).

Beispiel für eine Bedarfsgemeinschaft:
Die Antragsteller leben seit drei Monaten zusammen in einer neu angemieteten Wohnung; die Frau ist im sechsten Monat schwanger und erwartet in Kürze ein gemeinsames Kind. In diesem Fall könnte auch trotz des kurzfristigen Zusammenlebens bereits von einer Einstehensgemeinschaft ausgegangen werden, weil die besonderen Umstände des Einzelfalls darauf hinweisen, dass das Paar vor allem wegen der bevorstehenden Geburt des gemeinsamen Kindes einen gemeinsamen Lebensmittelpunkt aufgenommen hat. Es liegt folglich eine Bedarfsgemeinschaft vor.

Für eine Lebensgemeinschaft im Sinne von § 7 Abs. 3a SGB II spricht unter anderem die gemeinsam angemietete Wohnung und die Benennung der Lebensgefährtin als Begünstigte in der privaten Rentenversicherung.

Beispiel für das das Zusammenleben mit Kindern in einem Haushalt:
Lebt eine 16-jährige, erwerbsfähige Tochter mit ihrer 40-jährigen erwerbsunfähigen Mutter zusammen, so bilden beide eine Bedarfsgemeinschaft im Sinne des § 7 Abs. 3 Nr. 2 SGB II; so bald die erwerbsfähige Tochter das 25. Lebensjahr vollendet hat, besteht keine Bedarfsgemeinschaft mehr.

UNTER 25-JÄHRIGE KINDER, die im Haushalt ihrer Eltern leben, gehören damit grundsätzlich zu deren Bedarfsgemeinschaft. Dies gilt aber NICHT, wenn sie VERHEIRATET sind oder ihren LEBENSUNTERHALT AUS EIGENEN MITTELN bestreiten können.

EXPERTENTIPP ZUM ZUSAMMENLEBEN MIT KINDERN:
VOLLJÄHRIGE KINDER, die zudem das 25. Lebensjahr vollendet haben und mit ihren Eltern in einer Wohnung zusammenleben, gehören nicht mehr zur Bedarfsgemeinschaft ihrer Eltern, sondern bilden eine eigene Bedarfsgemeinschaft und müssen deshalb einen eigenständigen, gesonderten Antrag auf Bürgergeld stellen.

Bei Personen, die in einer Bedarfsgemeinschaft (§ 7 Abs. 2 und 3 SGB II) leben, sind nach § 9 Abs. 2 auch das EINKOMMEN und VERMÖGEN des Partners zu berücksichtigen. Bei unverheirateten Kindern, die mit ihren Eltern oder einem Elternteil in einer Bedarfsgemeinschaft leben und die die Leistungen zur Sicherung des Lebensunterhalts nicht aus ihrem eigenen Einkommen oder Vermögen beschaffen können, sind auch das Einkommen und Vermögen der Eltern zu berücksichtigen. Dies gilt nicht bei Schwangerschaft oder wenn ein Kind bis zur Vollendung des sechsten Lebensjahres betreut wird.

Beispiel für eine Bedarfsgemeinschaft von Kindern und Eltern:
Die Geschwister Peter (19 Jahre) und Marie (20 Jahre) leben zusammen mit ihren Eltern in einer Vier-Zimmerwohnung. Beide Kinder verfügen nur über geringes Einkommen aus Aushilfstätigkeiten. Beide hoffen im kommenden Jahr eine Ausbildung zu beginnen. Bei der Feststellung ihrer Hilfebedürftigkeit sind folglich auch das Einkommen und Vermögen der Eltern zu berücksichtigen. Eine Hilfebedürftigkeit könnte dadurch ausgeschlossen sein, wenn durch Einkommen und Vermögen der Eltern ihr Lebensunterhalt gesichert werden kann. Diese Regelung knüpft an den zivilrechtlichen Unterhaltsanspruch (Verwandtenunterhalt gemäß § 1601 BGB) an. Wenn Marie schwanger ist oder ein eigenes Kind betreut gilt dies nicht. Für die Frage ihrer Hilfebedürftigkeit ist dann nur das eigne Einkommen relevant. Sie würde Bürgergeld erhalten unabhängig von dem Einkommen ihrer Eltern oder deren Vermögen.

Lebt der Leistungsberechtigte mit Verwandten oder Verschwägerten zusammen, die nicht zum Personenkreis des § 7 Abs. 2 und 3 SGB II gehören (zB Großeltern, Tante/Onkel, Vettern/Cousinen, Schwager und ähnliche), bildet er eine HAUSHALTSGEMEINSCHAFT mit den Verwandten oder Verschwägerten, sofern eine gemeinsame Haushaltsführung, das heißt ein „Wirtschaften aus einem Topf" vorliegt. In diesen Fällen wird – widerlegbar – vermutet, dass der Hilfebedürftige auch von den zum Haushalt gehörenden Verwandten Leistungen erhält, soweit dies nach deren Einkommen und Vermögen erwartet werden kann.

Beispiel für eine Haushaltsgemeinschaft:
H. ist 28 Jahre alt. Er wohnt bei seiner Tante und hat ein eigenes Zimmer. Seine Tante ist vermögend und bezieht eine Beamtenpension. Sie kümmert sich um H. und versorgt ihn. H übernimmt Haus- und Gartenarbeiten. H. und seine Tante bilden keine Bedarfsgemeinschaft nach § 7 Abs. 3 SGB II. Jedoch liegt hier eine Haushaltsgemeinschaft nach § 9 Abs. 5 SGB II vor. Das Einkommen seiner Tante würde bei der Prüfung der Hilfebedürftigkeit grundsätzlich berücksichtigt werden.

In der Haushaltsgemeinschaft werden die Kosten der Unterkunft durch die Zahl der Gemeinschaftsmitglieder geteilt. Der Antragsteller im Sinne des SGB II bekommt den auf ihn entfallenden Anteil als Kosten der Unterkunft erstattet. Lebt nun der Hilfebedürftige mit nichthilfebedürftigen Verwandten oder Verschwägerten in einer Haushaltsgemeinschaft, so wird nach § 9 Abs. 5 SGB II VERMUTET, dass diese den Hilfebedürftigen im Rahmen ihrer Möglichkeiten unterstützen. Dies hat zur Folge, dass das Einkommen und Vermögen aller Mitglieder der Haushaltsgemeinschaft bei der Berechnung des Bürgergeldes herangezogen werden kann.

Da § 9 Abs. 5 SGB II eine derartige Heranziehung von Verwandten und Verschwägerten allerdings nur dann vorsieht, soweit dies „nach deren Einkommen und Vermögen erwartet werden kann", gelten für die nicht hilfebedürftigen Verwandten oder Verschwägerten wesentlich höhere EINKOMMENSFREIBETRÄGE. Nach § 1 Abs. 2 Bürgergeld-V soll das jeweilige Einkommen von Verwandten oder Verschwägerten nur dann herangezogen werden, wenn mehr als der doppelte Regelsatz eines Alleinstehenden (2024: 563 EUR x 2 = 1.126 EUR) zuzüglich der anteiligen Kosten für Unterkunft und Heizung erreicht wird; in diesen Fällen soll der übersteigende Betrag zur Hälfte vom Bedarf des jeweiligen Antragstellers abgezogen werden. Für das Vermögen der nicht hilfebedürftigen Verwandten gelten dabei die gleichen FREIBETRÄGE wie für den Hilfebedürftigen selbst (§ 7 Abs. 2 Bürgergeld-V).

Beispiel für die Unterstützung in der Haushaltsgemeinschaft:
Schwester S. und Bruder B. wohnen zusammen in einer Wohnung. Die Miete einschließlich Heizkosten beläuft sich auf 700 EUR. S. bezieht Bürgergeld. B. erhält ein (bereinigtes) Einkommen von 1.800 EUR. Die vermutete Unterstützungsleistung des B. zugunsten seiner Schwester errechnet sich dann wie folgt:

Zu berücksichtigendes Einkommen	1.800,00 EUR
Eigenbedarf des B.	
Abzug: Doppelte Regelleistung gem. SGB II	1.126,00 EUR
Abzug: 50 % Unterkunftskosten	350,00 EUR
Ergebnis: Restbetrag	324,00 EUR
davon 50 % = Unterstützungsbetrag	162,00 EUR

Es wird widerlegbar vermutet, dass B. seine Schwester mit 162,00 EUR unterstützt. Um diesen Betrag wird das Bürgergeld der Schwester vermindert. Sofern S. nachweisen könnte, dass sie von B. nicht unterstützt wird, fände eine Anrechnung nicht statt. Würde S. statt mit ihrem

Bruder mit zwei Freundinnen zusammenleben, lägen die Voraussetzungen für eine Einkommensanrechnung im Sinne des §9 Abs. 5 SGB II in Verbindung mit §1 Abs. 2 Bürgergeld-V nicht vor.

Für das Verhältnis zwischen Stiefeltern und Stiefkindern ist aber §9 Abs. 5 SGB II nicht einschlägig. Stiefeltern und Stiefkinder bilden aber eine Bedarfsgemeinschaft nach §7 Abs. 3 Nr. 4 SGB II, so dass bereits nach §9 Abs. 2 S. 2 eine Berücksichtigung des Einkommens und Vermögens des Stiefvaters erfolgt. Kann beispielsweise mit dem Einkommen des Stiefvaters der Lebensunterhalt vom ihm, seiner Partnerin und deren Kind gedeckt werden, entfällt von vornherein die Hilfebedürftigkeit. Ein Anspruch auf SGB II-Leistungen wäre dann nicht mehr gegeben. Allerdings besteht die Bedarfsgemeinschaft nur mit unverheirateten Kindern, die das 25. Lebensjahr noch nicht vollendet haben.

Zusammenfassung:
Die Leistungen des SGB II dienen der Sicherung des Lebensunterhaltes (Bürgergeld) und der Eingliederung in Arbeit. Wenn die Voraussetzungen des §7 Abs. 1 SGB II gegeben sind, besteht hierauf ein Rechtsanspruch. Da die Grundsicherung für Arbeitssuchende eine nachrangige Leistung darstellt, ist immer die Hilfebedürftigkeit zu prüfen. Dabei wird ermittelt, inwieweit der Lebensunterhalt durch anderweitige Möglichkeiten (Einkommen, Vermögen, vorrangige Sozialleistungen, Unterhaltsansprüche) gesichert werden kann. Von Bedeutung sind hierbei auch Formen des Zusammenlebens mit anderen Personen in der Bedarfsgemeinschaft oder in einer Haushaltsgemeinschaft, da dies zu einer Reduzierung oder zu einem Ausschluss der Leistungen führen kann. Eine Bedarfsgemeinschaft liegt neben der Ehe oder dem Familienverbund auch vor, wenn aus dem Zusammenleben darauf geschlossen werden kann, dass der wechselseitige Wille besteht, Verantwortung füreinander zu tragen und füreinander einzustehen.

3 Hilfebedürftigkeit und Einkommen

Die Grundsicherung für Arbeitsuchende ist einkommens- und vermögensabhängig. Das zu berücksichtigende Einkommen mindert in erster Linie den Regelbedarf, erst in zweiter Linie mindert darüber hinaus zu berücksichtigendes Einkommen die Leistungen der kommunalen Träger (§ 19 Abs. 3 SGB II). Jedoch bedeutet dies nicht, dass jeder Geldzufluss die Hilfebedürftigkeit reduziert und damit zu weniger Bürgergeldleistungen führt. Vielmehr hat der Gesetzgeber bestimmte Einkommensarten als unbeachtlich für die Hilfebedürftigkeit angesehen. Sie werden nicht berücksichtigt. Auch sind beim Erwerbseinkommen Abzüge vorgesehen, die die Motivation zur Durchführung einer Erwerbstätigkeit erhöhen sollen.

3. Hilfebedürftigkeit und Einkommen

I. Das Einkommen (§ 11 Abs. 1 SGB II)

Als Einkommen gelten zunächst nur die Einnahmen in Geld. Sachleistungen zählen nicht als Einkommen dazu. Lediglich Einnahmen in Geldeswert (Sachleistungen, freie Unterkunft, freie Verpflegung), die im Rahmen einer Erwerbstätigkeit, des Bundesfreiwilligendienstes oder eines Jugendfreiwilligendienstes gewährt werden, gelten als Einkommen, welches die Hilfebedürftigkeit reduziert (§ 11 Abs. 1 S. 2 SGB II).

Beispiel für die Nichtanrechnung von Sachleistungen:
Der 42-jährige erwerbsfähige Leistungsberechtigte lebt in Münster in Haushaltsgemeinschaft mit seinen Eltern. Er erhält freie Unterkunft und (volle) unentgeltliche Verpflegung. Der zu gewährende Regelbedarf wird nicht gekürzt, da Sachleistungen nicht als Einkommen im Sinne des § 11 Abs. 1 S. 1 SGB II gelten. Kosten der Unterkunft werden nicht gewährt, da keine anfallen. Würde er die Kosten der Verpflegung als Teil seines Arbeitsentgeltes bei seinem Arbeitgeber erhalten, würde ihm hierfür nach § 2 Abs. 5 Bürgergeld II-V pauschal täglich ein Prozent des nach § 20 SGB II maßgeblichen Regelbetrag als Einkommen angerechnet.

Das KINDERGELD für zur Bedarfsgemeinschaft gehörende Kinder gilt nicht als Einkommen der Eltern, sondern als Einkommen des Kindes (§ 11 Abs. 1 S. 5 SGB II), ebenso der Kinderzuschlag nach § 6a des BundeskindergeldG. Das Kindergeld für Kinder, die nicht im Haushalt der Eltern leben, gilt ebenfalls als Kindeseinkommen, soweit es nachweislich an die Kinder weitergeleitet wird (§ 1 Abs. 1 Nr. 8 Bürgergeld II-V).

Bei der Berechnung des Einkommens ist von den BRUTTOEINNAHMEN auszugehen (§ 2 Abs. 1 Bürgergeld-V). Einnahmen sind für den Monat zu berücksichtigen, in dem sie zufließen (§ 11 Abs. 2 S. 1 SGB II).

II. Nicht zu berücksichtigendes Einkommen (§ 11a SGB II)

Obwohl nach der vorstehenden Definition grundsätzlich jeder Zufluss in Geld oder geldwerten Leistungen als Einkommen im Sinne des SGB II zu berücksichtigen ist, sind eine Reihe von Einnahmen nicht als Einkommen zu beachten. Diese reduzieren folglich die Bürgergeldleistungen nicht.

ANRECHNUNGSFREIE Einnahmen sind in § 11A SGB II und in § 1 BÜRGERGELD-V aufgeführt:

- Alle LEISTUNGEN NACH DEM SGB II werden nicht angerechnet (§ 11a Abs. 1 Nr. 1 SGB II). Das Job-Center soll nicht mit der einen Hand eine Grundsicherungsleistung austeilen und mit der anderen Hand diese Leistung wieder wegnehmen. Die Aufwandsentschädigung nach § 16d SGB II („1-EUR-Job") ist somit kein anrechenbares Einkommen (so ausdrücklich § 16d Abs. 7 S. 1 SGB II). Auch finanzielle Zuschüsse, zB für den Erwerb der Fahrerlaubnis zur Erhöhung der Mobilität, werden ebenfalls nicht angerechnet.
- Renten oder Beihilfen, die nach dem Bundesentschädigungsgesetz für Schaden an Leben sowie an Körper oder Gesundheit erbracht werden, werden bis zur Höhe der vergleichbaren Entschädigungszahlungen nach Kapitel 9 des SGB XIV nicht angerechnet. Ferner bestimmt § 28 Abs. 2 SGB XIV, dass Entschädigungszahlungen nach Kapitel 9 des SGB XIV nicht als Einkommen auf andere Sozialleistungen angerechnet werden.
- Nach § 11a Abs. 3 SGB II sind solche Leistungen nicht zu berücksichtigen, die AUF GRUND ÖFFENTLICH-RECHTLICHER VORSCHRIFTEN ZU EINEM AUSDRÜCKLICH GENANNTEN ZWECK gewährt werden (§ 18 Abs. 1 Conterganstiftungsgesetz, Leistungen nach dem Gesetz zur Errichtung der Stiftung „Mutter und Kind" oder Leistungen nach dem HIV-Hilfe-Gesetz). Das ELTERNGELD nach dem BEEG wird hingegen berücksichtigt. Soweit vor der Geburt eine Erwerbstätigkeit ausgeübt wurde, bleibt das Elterngeld in Abhängigkeit zu dem zuvor erzielten Einkommen bis zu 300 EUR im Monat als Einkommen unberücksichtigt (§ 10 Abs. 5 BEEG).

- Auch werden Aufwandsentschädigungen oder Einnahmen aus nebenberuflichen Tätigkeiten nicht angerechnet, wenn diese 3.000 EUR im Kalenderjahr nicht überschreiten und nach § 3 Nr. 12, 26 o. 26a Einkommenssteuergesetz steuerfrei sind. (§ 11a Abs. 1 Nr. 5 SGB II). Dies gilt ebenfalls für die nach § 1878 BGB gezahlten Aufwandspauschalen (§ 11a Abs. 1 Nr. 4 SGB II).
- Gemäß § 11a Abs. 2 SGB II sind SCHMERZENSGELDZAHLUNGEN im Sinne von § 253 Abs. 2 BGB nicht zu berücksichtigen. Dies betrifft einmalige Zahlungen aber auch monatliche Zahlungen, wenn der Schmerzzustand andauert („Schmerzensgeldrente").
- Gemäß § 11a Abs. 3 S. 2 Nr. 1 SGB II werden Leistungen, die für den erzieherischen Einsatz gewährt werden für das erste und zweite Pflegekind gar nicht angerechnet. Für das dritte Pflegekind erfolgt eine Anrechnung zu 75 %. Erst ab dem vierten Pflegekind werden die hierfür erbrachten Leistungen vollständig angerechnet.
- Gemäß § 11a Abs. 1 Nr. 6 SGB II wird das Mutterschaftsgeld ebenfalls nicht berücksichtigt.
- Auch erlangte ERBSCHAFTEN gelten nach § 11a Abs. 1 Nr. 7 SGB II nicht als zu berücksichtigendes Einkommen. Allerdings wird durch die Erbschaft das Vermögen vergrößert. Es ist folglich zu prüfen, inwieweit sie später als Vermögensbestandteil zu berücksichtigen sein wird.
- Nach § 11a Abs. 6 SGB II wird das Überbrückungsgeld von Haftentlassenen nicht als Einkommen berücksichtigt.
- Damit Schülerinnen und Schülern auch die Möglichkeit haben, durch Ferienjobs Geld zu verdienen und zu sparen, bestimmt § 11a Abs. 7 SGB II die Nichtanrechnung des erzielten Einkommens. Dies gilt aber nur für Erwerbstätigkeiten in den Schulferien. Auch dürfen die Schüler das 25. Lebensjahr noch nicht vollendet haben.
- Ferner werden NICHT berücksichtigt:
  - Bagatelleinkünfte, die monatlich 10 EUR nicht übersteigen (§ 1 Abs. 1 Nr. 1 Bürgergeld-V)
  - bei Beziehenden von Bürgergeld, die das 15. Lebensjahr noch nicht vollendet haben, Einnahmen aus Erwerbstätigkeit, soweit sie einen monatlichen Betrag von 100 EUR nicht übersteigen (s. § 1 Abs. 1 Nr. 9 Bürgergeld-V).
  - nicht steuerpflichtige Einnahmen einer Pflegeperson für Leistungen der Grundpflege und der hauswirtschaftlichen Versorgung (§ 1 Abs. 1 Nr. 4 Bürgergeld-V). Hierbei handeltes sich im Wesentlichen um die Übernahme der Pflege durch Verwandte.
  - Geldgeschenke an Minderjährige anlässlich der Firmung, Kommunion, Konfirmation oder vergleichbarer religiöser Feste sowie anlässlich der Jugendweihe, soweit sie 3.100 EUR nicht überschreiten (§ 1 Abs. 1 Nr. 12 Bürgergeld-V).

- Gemäß § 11a Abs. 4 SGB II sind Zuwendungen VON TRÄGERN DER FREIEN WOHLFAHRTSPFLEGE NICHT ZU BERÜCKSICHTIGEN, es sei denn, die Zuwendungen würden die Lage des Leistungsberechtigten so günstig beeinflussen, dass daneben Leistungen nach dem SGB II ungerechtfertigt wären. In der Regel dürfte davon auszugehen sein, dass die Lage des Empfängers nicht so stark verbessert wird, dass SGB II-Leistungen vollständig oder teilweise nicht mehr gerechtfertigt wären. Art, Wert, Umfang und Häufigkeit der Zuwendungen sind für die vornehmende Gerechtfertigkeitsprüfung von Bedeutung. Erhält eine leistungsberechtigte Person regelmäßig kleinere Beträge, so werden diese nicht angerechnet. Auch wenn die Gerechtfertigkeitsprüfung immer eine Einzelfallentscheidung ist, wäre aber bei regelmäßigen Zuwendungen von über 50 % des individuellen Regelbedarfs (2024: 563 EUR), also 281,50 EUR, die uneingeschränkte Zahlung des Bürgergeldes sicherlich nicht mehr gerechtfertigt.
- Nach § 11a Abs. 5 SGB II werden ZUWENDUNGEN PRIVATER PERSONEN, für die eine rechtliche oder sittliche Verpflichtung nicht besteht, dann nicht berücksichtigt, wenn dies entweder GROB UNBILLIG wäre oder sich hierdurch die LAGE des Empfängers nicht so positiv verändert, dass SGB-Leistungen nicht mehr GERECHTFERTIGT wären. Grob unbillig bedeutet, dass eine Anrechnung der Zuwendung ungerecht und nicht akzeptabel ist. Dies ist der Fall bei sozialen oder kulturellen Auszeichnungen, die mit einer Geldzahlung („Preis") verbunden sind oder bei Soforthilfen in einem Katastrophenfall („Flutopferhilfe"). Dies gilt auch für Leistungen in Anerkennung des Leids der katholischen Kirche Deutschland nach der „Ordnung für das Verfahren zur Festsetzung materieller Leistungen in Anerkennung des Leids für Betroffene sexuellen Missbrauchs an Minderjährigen und schutz- oder hilfebedürftigen Erwachsenen durch Kleriker und sonstige Beschäftige im kirchlichen Dienst der katholischen Kirche in Deutschland". Daneben werden Zuwendungen auch nicht verrechnet, wenn durch sie die Lage des Empfängers nicht so verbessert wird, dass das Bürgergeld dadurch (teilweise) nicht mehr gerechtfertigt wäre. Letztlich geht es dann um einmalige oder regelmäßige Geldzahlungen, die nicht ins Gewicht fallen. Da Bagatelleinkünfte, die monatlich 10 EUR nicht übersteigen, bereits nach § 1 Abs. 1 Nr. 1 Bürgergeld-V nicht berücksichtigt werden, müsste es sich bei regelmäßigen Zuwendungen daher um einen höheren Betrag handeln. So dürften zumindest Leistungen bis zu 10 % des Regelbetrags nach Stufe 1 (2024: 563 EUR) nicht angerechnet werden, zB Taschengeld von Verwandten. Es können aber auch höhere Beträge als nichtanrechenbar angesehen werden. Wenn eine Zuwendung zu einem bestimmten Zweck (Anschaffung eines PKW, Führerscheinerwerb)

erbracht wird, stehen diese Leistungen für den Lebensunterhalt nicht zur freien Verfügung. Eine Reduzierung des Bürgergeldes ist damit ausgeschlossen. Zu betonen ist aber, dass für die erbrachten Zuwendungen keine Rechtspflicht (etwa Arbeitslohn) zu einer Zahlung durch den Leistenden bestehen darf.

Beispiel für die Nichtberücksichtigung von Zuwendungen:
Aufsehen erregte 2017 der Fall eines Mannes, der sich zur Aufbesserung seiner SGB II-Bezüge gegen Ende des Monats in einer Fußgängerzone auf den Boden setzte, um bei den Passanten Geld zu erbetteln. Dieses wollte das Jobcenter als Einnahmen anrechnen. Hierbei dürfte es sich nicht um Erwerbseinkommen handeln, sondern das gespendete Geld stellt vielmehr eine Zuwendung nach § 11a Abs. 5 SGB II dar. Bei der Bewertung kommt es hier darauf an, ob die Zuwendungen in ihrer Gesamtheit so hoch sind, dass Leistungen nicht mehr gerechtfertigt wären. Das Jobcenter sah hier die Grenze sogar bei 50 % des Regelbetrags der Stufe 1 (also bei 281,50 EUR in 2024).

III. Feststellung des bereinigten und anrechenbaren Nettoeinkommens

Nachdem die anrechnungsfreien Einkünfte (§ 11a SGB II) festgestellt worden sind, muss das verbleibende grundsätzlich anrechnungsfähige Einkommen um weitere Absetzbeträge gem. § 11b SGB II gekürzt werden, um so das bereinigte Nettoeinkommen zu ermitteln, das am Ende der Berechnung auf die Leistungen nach dem SGB II angerechnet wird. Die ABSETZBETRÄGE sind in § 11b SGB II und ergänzend in § 6 Bürgergeld-V geregelt. Bei der Feststellung des bereinigten Nettoeinkommens ist vom monatlichen Bruttoeinkommen auszugehen. (§ 2 Abs. 1 Bürgergeld-V). Sobald das Bruttoeinkommen feststeht, sind folgende Abzüge zu tätigen, um das bereinigte Nettoeinkommen zu ermitteln:

- auf das Einkommen entrichtete Lohn-, Einkommens- und/oder Kirchensteuern (§ 11b Abs. 1 Nr. 1 SGB II),
- Pflichtbeiträge zur Sozialversicherung (Krankenversicherung, Pflegeversicherung und Rentenversicherung) einschließlich der Beiträge zur Arbeitsförderung (§ 11b Abs. 1 Nr. 2 SGB II).
- Beiträge zur öffentlichen oder privaten Versicherung oder ähnlichen Einrichtungen, soweit diese Beiträge gesetzlich vorgeschrieben (zB Kfz-Haftpflicht, Berufshaftpflicht bestimmter Berufsgruppen, wie

Anwälte oder ähnliche) oder nach Grund und Höhe an gemessen sind. Für private Versicherungen kann ohne Nachweis monatlich auch ein Pauschalbetrag von 30 EUR abgezogen werden (siehe dazu § 6 Abs. 1 Nr. 1 Bürgergeld-V).

- geförderte Altersvorsorgebeiträge nach § 82 des Einkommenssteuergesetzes (sogenannte Riesterrente), § 11b Abs. 1 Nr. 4 SGB II.
- die mit der Erzielung des Einkommens verbundenen notwendigen Ausgaben (WERBUNGSKOSTEN), wie etwa Arbeitsmittel, Kosten der Fahrten zwischen Wohnung und Arbeitsstätte (§ 11b Abs. 1 Nr. 5 SGB II). Ist ein Hilfeberechtigter im Rahmen einer Erwerbstätigkeit täglich mehr als 12 Stunden von seiner Wohnung abwesend – ohne dass eine doppelte Haushaltsführung vorliegt – so ist ein Pauschbetrag in Höhe von 6 EUR für den Verpflegungsmehraufwand arbeitstäglich abzusetzen (§ 6 Abs. 3 Bürgergeld–V).
- Aufwendungen zur Erfüllung gesetzlicher Unterhaltsverpflichtungen bis zu dem in einem Unterhaltstitel oder in einer notariell beurkundeten Unterhaltsvereinbarung festgelegten Betrag (§ 11b Abs. 1 Nr. 7 SGB II) und
- bei erwerbsfähigen Leistungsberechtigten, deren Einkommen nach dem 4. Abschnitt des Bundesausbildungsförderungsgesetzes oder § 67 und § 126 des 3. Buches bei der Berechnung der Leistungen der Ausbildungsförderung für mindestens ein Kind berücksichtigt wird, den nach den Vorschriften der Ausbildungsförderung berücksichtigten Betrag (§ 11b Abs. 1 Nr. 8 SGB II).

Monatliche Pauschale bei Abzugsbeträgen:
Der Gesetzgeber hat die Abzugsbeträge des § 11b Abs. 1 Nr. 3–5 SGB II

- ☐ Beiträge zur öffentlichen oder privaten Versicherung (§ 11b Abs. 1 Nr. 3 SGB II)
- ☐ geförderte Altersvorsorgebeiträge (§ 11b Abs. 1 Nr. 4 SGB II)
- ☐ Werbungskosten (§ 11b Abs. 1 Nr. 5 SGB II)

durch eine monatliche Pauschale von 100 EUR ersetzt, die vom Bruttoeinkommen – quasi als Grundfreibetrag – abzuziehen ist (§ 11B ABS. 2 S. 1 SGB II). Bei erwerbsfähigen Leistungsberechtigten, deren monatliches Bruttoeinkommen mehr als 400 EUR beträgt, kann der erwerbsfähige Leistungsberechtigte statt des pauschalen Freibetrages von 100 EUR auch die Summe der abzugsfähigen Positionen gemäß § 11b Abs. 1 Nr. 3–5 SGB II geltend machen, wenn diese nachweislich höher als 100 EUR ist.

Demgegenüber findet ein HÖHERER PAUSCHABZUG gem. § 11B ABSATZ 2B SGB II bei Leistungsberechtigten unter 25 Jahren statt, soweit sie sich in der Ausbildung befinden, an einer ausbildungsvorbereitenden Maßnahme teilnehmen, als Schülerinnen/Schüler eine allgemein- oder berufsbildende Schule besuchen oder einem Freiwilligendienst (Bundesfreiwilligendienstgesetz, Jugendfreiwilligendienstgesetz) nachgehen.

EXPERTENTIPP ZU NEBENJOBS VON SCHÜLERN: Schülerinnen und Schüler können ohne Abzug vom Bürgergeld bis zu 520 EUR im Monat hinzuverdienen.

Der PAUSCHALABZUG umfasst die sog. steuerrechtliche Geringfügigkeitsgrenze. Er beträgt aktuell 520 EUR. Da Schülerinnen oder Schüler überwiegend im Bereich eines Minijobs arbeiten bedeutet diese Regelung, dass sie ihr Einkommen bis zu dem hieraus resultierenden Verdienst vollständig behalten dürfen. Eine Reduzierung des Bürgergeldes findet daher nicht statt.

Für FAHRTKOSTEN, die im Zusammenhang mit der Ausübung einer Erwerbstätigkeit anfallen, kann ohne Nachweis ein Betrag von 0,20 EUR für jeden Entfernungskilometer der kürzesten Straßenverbindung je Entfernungskilometer und Arbeitstag in Abzug gebracht werden (§ 6 Abs. 1 Nr. 5 Bürgergeld–V). Sofern die Kilometer-Pauschale von 0,20 EUR im Vergleich zu den bei der Benutzung eines zumutbaren öffentlichen Verkehrsmittels anfallenden Fahrtkosten unangemessen hoch ist, sind nur diese als Pauschalbetrag abzusetzen. Werbungskosten können immer nur bei Personen abgesetzt werden, die auch erwerbstätig sind.

Darüber hinaus ist vom Einkommen ein sogenannter FREIBETRAG FÜR ERWERBSTÄTIGE nach § 11b Abs. 3 SGB II in Abzug zu bringen.

Dieser beläuft sich neben dem Grundfreibetrag von 100 EUR:

- ☐ Für den Teil des monatlichen Einkommens, das 100 EUR übersteigt und nicht mehr als 520 EUR beträgt, auf 20 %,
- ☐ für den Teil des monatlichen Einkommens, der 520 EUR übersteigt und nicht mehr als 1.000 EUR beträgt, auf 30 % und
- ☐ für den Teil des monatlichen Einkommens, der 1.000 EUR übersteigt und nicht mehr als 1.200 EUR beträgt, auf 10 %.

Sofern die erwerbsfähigen Leistungsberechtigte entweder mit mindestens einem minderjährigen Kind in Bedarfsgemeinschaft leben oder mindestens ein minderjähriges Kind haben, tritt an die Stelle des Betrages von 1.200 EUR ein Betrag von 1.500 EUR (§ 11b Abs. 3 S. 3 SGB II).

Bruttoeinkommen	Freibetrag	Maximaler Freibetrag in der jeweiligen Stufe
100 bis 520 EUR	20 %	84 EUR
520 bis 1.000 EUR	30 %	144 EUR
1.000 bis 1.200 EUR	10 %	20 EUR
1.200 bis 1.500 EUR *	10 %	30 EUR
(* bei Versorgung eines minderjährigen Kindes)		

Bei einem Einkommen von 1.200 EUR beläuft sich folglich der Gesamtfreibetrag insgesamt auf 248 EUR (84 + 144 +20 EUR = 248 EUR). Bei Einkommen über 1.200 EUR existiert kein weiterer Freibetrag mehr. Lediglich, wenn ein minderjähriges Kind versorgt wird, erhöht sich die Einkommensgrenze auf bis zu 1.500 EUR.

Da bei Leistungsberechtigten unter 25 Jahren von vornherein ein höherer Pauschabzug gem. § 11b Absatz 2b SGB iHv 520 EUR stattfindet, beginnt der Freibetrag bei einem darüberhinausgehenden Einkommen erst in der Stufe von 520 – 1.000 EUR.

Der Freibeträge nach § 11 Abs. 3 SGB II fördern so die Motivation eine Tätigkeit aufzunehmen, weil nicht das gesamte Entgelt auf das Bürgergeld angerechnet wird. Sie treten neben dem Freibetrag nach § 11 Abs. 2 S. 1. SGB II bzw. § 11 Abs. 2b SGB II. Die Freibeträge werden neben den weiteren Absatzbeträgen des § 11b Abs. 1 Nr. 1–2 und Nr. 6–8 (insbesondere Steuern, Sozialversicherungsbeiträge, Beiträge zur Altersvorsorge) gewährt.

Ausgehend vom Bruttoeinkommen sind in den meisten Fällen folgende Aspekte von Relevanz:
In einem ersten Schritt erfolgt zunächst der Abzug der zu entrichtenden Steuern und Sozialversicherungsabgaben. Hierdurch wird das Nettoeinkommen festgestellt.

In einem zweiten Schritt werden die die Zahlungen für weitere Versicherungen, die Aufwendungen für die Altersvorsorge und die Werbungskosten berücksichtigt und vom Nettoeinkommen abgezogen. Hier gilt für Einkommen bis 400 EUR der Pauschalabzug von 100 EUR. Bei höheren Einkommen sind die tatsächlichen Aufwendungen zu berücksichtigen.

Falls diese nicht nachgewiesen werden können oder zu niedrig sind, kann ebenfalls der Pauschalabzug von 100 EUR vom Nettoeinkommen erfolgen.

In einem dritten Schritt können über den Pauschalabzug hinaus die ermittelten Freibeträge für Erwerbstätige vom Einkommen in Abzug gebracht werden.

Nachdem die obigen Schritte durchgeführt worden sind, liegt das bereinigte Einkommen vor. Dieses wird bei der Feststellung der Hilfebedürftigkeit berücksichtigt und mindert das Bürgergeld.

Beispiel für die Ermittlung des zu berücksichtigenden Einkommens:
Der erwerbstätige Hilfesuchende hat ein Arbeitseinkommen von 1.400 EUR brutto. Er ist alleinstehend und hat keine Kinder, für die er unterhaltspflichtig ist. Beiträge zu öffentlichen oder privaten Versicherungen im Sinne von § 11b Abs. 1 Nr. 3 beziehungsweise geförderte Altersvorsorgebeiträge im Sinne von § 11b Abs. 1 Nr. 4 SGB II kann er nicht vorweisen; wohl aber sonstige monatliche Werbungskosten im Sinne von § 11b Abs. 1 Nr. 5 SGB II in Höhe von 65 EUR. Dann berechnen sich seine Freibeträge wie folgt:

Er erhält zunächst den Grundfreibetrag nach § 11b Abs. 2 S. 1 in Höhe von 100 EUR; die Werbungskosten nach § 11 Abs. 2 Nr. 5 kann er nicht zusätzlich geltend machen, da die theoretischen Abzugsbeträge im Sinne von § 11b Abs. 1 Nr. 3–5 SGB II 100 EUR nicht übersteigen.

Daneben sind die Freibeträge für Erwerbstätige (Erwerbstätigenbonus) zu beachten: Für den Teil des Bruttoeinkommens, der zwischen 100 EUR und 520 EUR liegt, erhält er einen weiteren Freibetrag von 20 %, also von 84 EUR, für den Teil seines Bruttoeinkommens, der zwischen 520 und 1.000 EUR liegt, erhält er einen weiteren Freibetrag von 30 % (= 144 EUR) sowie für das Einkommen zwischen 1.000 EUR und 1.200 EUR einen Freibetrag von 10 % (= 20 EUR) so dass er nach § 11b Abs. 3 SGB II insgesamt einen Freibetrag von 248 EUR erhält. Wegen des über 1.200 EUR hinausgehenden Einkommens kann er keinen weiteren Freibetrag geltend machen, da er alleinstehend ist und keine Kinder hat.

Vom Einkommen sind so zunächst die Steuern (§ 11 Abs. 2 Nr. 1 SGB II) und die Sozialversicherungsbeiträge abzuziehen. Das Nettoeinkommen würde dann in etwa 1.180 EUR betragen.

Abzuziehen sind davon ferner in diesem Fall

- der Grundfreibetrag nach § 11b Abs. 2 S. 1 SGB II von 100 EUR
- und der weitere Freibetrag nach § 11b Abs. 3 SGB II von 248 EUR

= insgesamt somit 348 EUR

Damit beträgt das anzurechnende Einkommen 832 EUR (= Nettoeinkommen von 1.180 EUR abzüglich der Freibeträge von 348 EUR). Dieser Betrag wird der Berechnung eines Anspruchs auf Bürgergeld zugrunde gelegt. Im Ergebnis führt hier die Berücksichtigung der Freibeträge also dazu, dass der Leistungsberechtigte 348 EUR zusätzlich zu den berechneten Leistungen des Bürgergeldes behalten kann.

Zusammenfassung:
Wenn Einnahmen erzielt werden, dann führt dies grundsätzlich auch zu einer Verringerung der Hilfebedürftigkeit. Allerdings werden bestimmte Einnahmen nicht berücksichtigt. Dazu gehören beispielsweise Schmerzensgeldzahlungen, überschaubare Zuwendungen von Trägern der freien Wohlfahrtspflege oder von Privatpersonen. Auch Aufwandsentschädigungen und Einkünfte aus Nebentätigkeiten werden nicht angerechnet, wenn diese nach dem Einkommenssteuergesetz steuerfrei sind und 3.000 EUR im Jahr nicht übersteigen. Ferner besteht beim Erwerbseinkommen ein Freibetrag für Erwerbstätige, sodass auch nicht das gesamte Einkommen Berücksichtigung findet.

Hilfebedürftigkeit und Vermögen

Hilfedürftigkeit im Sinne des SGB II bedeutet nicht, dass die Antragsteller über keinerlei Vermögenswerte mehr verfügen dürfen. Der Gesetzgeber möchte die Lebensleistung der Menschen anerkennen und hat daher bestimmte Vermögenswerte von der Prüfung der Hilfebedürftigkeit ausgeschlossen. Vorhandene Vermögenswerte stehen daher der Bejahung der Hilfebedürftigkeit im Sinne des § 9 SGB II nicht entgegen. Im Folgenden wird dargestellt, welches Vermögen bei der Feststellung berücksichtigt werden muss und welche Vermögensbestandteile nicht von Relevanz sind. Auch werden die Regelungen zu den geltenden Freibeträgen erläutert.

4. Hilfebedürftigkeit und Vermögen

I. Das zu berücksichtigende Vermögen

Die Vermögensanrechnung ist in §12 SGB II geregelt. Grundsätzlich sind alle verwertbaren Vermögensgegenstände als VERMÖGEN zu berücksichtigen. Zum Vermögen gehören Gegenstände (zB Bücher, Uhren, Schmuck), Aktien, Immobilien und auch Forderungen (zB Bankkonten).

Einkommen und Vermögen sind grundsätzlich voneinander abzugrenzen. Während unter Einkommen all das zu verstehen ist, was dem Leistungsberechtigten während der Bedarfszeit (in der Regel des jeweiligen Kalendermonats) wertmäßig zufließt, wird als Vermögen all das qualifiziert, was der Leistungsberechtigte in der Bedarfszeit bereits besitzt.

Einmalige Einkünfte, wie etwa Lottogewinne, Steuererstattungen, Zahlungen aus Erbschaften und ähnliches, gehören deshalb zunächst zum Einkommen und nicht zum Vermögen. Werden diese einmaligen Sondereinkünfte innerhalb des Zuflusszeitraumes nicht aufgebraucht, sondern angespart, werden sie zum Vermögen. Das Vermögen ist verwertbar, wenn es von dem Leistungsberechtigten für seinen Lebensunterhalt verwendet oder sein Geldwert für den Lebensunterhalt durch Verbrauch, Beleihung, Vermietung/Verpachtung oder Übertragung oder sonst wie nutzbar gemacht werden kann.

Ist ein sofortiger Zugriff auf berücksichtigungsfähiges Vermögen nicht möglich, weil eine wirtschaftlich sinnvolle Verwertung des Vermögens längere Zeit in Anspruch nimmt, sind gegebenenfalls Leistungen in Form von DARLEHEN nach Maßgabe des §24 Abs. 5 SGB II zu zahlen. Diese Situation liegt vor, wenn ein Grundstück insbesondere auch wegen der negativen Marktsituation kurzzeitig nur schwer veräußerbar ist. Anders aber, wenn bei der Verwertung lediglich ein ungünstiger Verkaufspreis realisierbar ist. Dies ist Ausdruck des Marktmechanismus und kann daher nicht als besondere Härte angesehen werden.

II. Das nicht zu berücksichtigende Vermögen

Wie bei der Feststellung des anzurechnenden Einkommens werden auch beim Vermögen bestimmte Werte nicht berücksichtigt. Diese müssen für die Beseitigung der Hilfebedürftigkeit nicht eingesetzt werden. Geregelt sind diese in § 12 Abs. 1. S. 2 SGB II. Dazu gehören:

- angemessener HAUSRAT, § 12 Abs. 1 S. 2 Nr. 1 SGB II. Hierzu zählen alle Gegenstände, die für die Führung eines Haushaltes notwendig sind (Möbel, Geschirr, aber auch Kleidung und Bücher). Bei der Angemessenheit kommt es auf die aktuellen Lebensumstände an, die durch die Leistungen des Bürgergeldes geprägt sind.
- ein angemessenes KRAFTFAHRZEUG für jede in der Bedarfsgemeinschaft lebende erwerbsfähige Person. Die Angemessenheit ist im Einzelfall zu klären (Größe der Bedarfsgemeinschaft). Ein Verkehrswert von bis zu 15.000 EUR ist gegenwärtig nicht zu beanstanden, § 12 Abs. 1 S. 2 Nr. 2 SGB I.
- für die Altersvorsorge bestimmte Versicherungsbeiträge sowie andere Formen der Altersvorsorge, wenn sie nach Bundesrecht ausdrücklich als Altersvorsorge gefördert werden (zB die sogenannte Riester-Rente), § 12 II 1 S. 2 Nr. 3 SGB II.
- weitere Vermögensgegenstände, die vom Inhaber für die ALTERSVORSORGE vorgesehen und so auch bezeichnet worden sind, wenn dieser von der Versicherungspflicht in der gesetzlichen Rentenversicherung befreit ist. Die Angemessenheit orientiert an die Beiträge zur gesetzlichen Rentenversicherung auf Basis des Durchschnittsverdienstes und nicht nach dem vorherigen Lebenszuschnitt, § 12 Abs. 1 S. 2 Nr. 4 SGB II.
- ein selbstgenutztes HAUSGRUNDSTÜCK mit einer Wohnfläche bis zu 140 qm oder eine selbstgenutzte Eigentumswohnung bis zu 130 qm, § 12 Abs. 1 S. 2 Nr. 5 SGB II. Wenn das Eigentum von mehr als vier Personen bewohnt wird, erhöht sich die maßgebliche Wohnfläche um je 20 qm.
- Vermögen, solange es nachweislich zur baldigen Beschaffung oder Erhaltung eines Hausgrundstücks von angemessener Höhe bestimmt ist, soweit dieses zu Wohnzwecken pflegebedürftiger Menschen oder Menschen mit Behinderungen dient oder dienen soll und dieser Zweck durch den Einsatz oder die Verwertung des Vermögens gefährdet würde, § 12 Abs. 1 S. 2 Nr. 6 SGB II,
- Sachen und Rechte, deren Verwertung eine besondere Härte darstellen würde, § 12 Abs. 1 S. 2 Nr. 7 SGB II. Dies setzt aber voraus, dass die Verwertung eines Gegenstandes ein besonderes Opfer darstellen

würde. Beispielsweise wäre dies bei erinnerungsbeladenen Erbstücken (Schmuck, Gemälde) der Fall, soweit es sich nicht um ausgesprochene Luxusgegenstände handelt. Auch ein Pkw einer nichterwerbsfähigen leistungsberechtigten Person könnte über diese Regelung geschützt sein, wenn das Fahrzeug für die Mobilität dringend erforderlich ist und kein ausreichendes Angebot des öffentlichen Nahverkehrs zur Verfügung steht.

- Vermögensgegenstände, die für die Aufnahme oder Fortsetzung einer BERUFSAUSBILDUNG oder der ERWERBSTÄTIGKEIT unentbehrlich sind, § 7 Abs. 1 Bürgergeld-V). Dies gilt zB für einen Laptop oder weitere technische Geräte.

EXPERTENTIPP ZUR SCHULDENTILGUNG DURCH VERMÖGEN VOR ANTRAGSTELLUNG: Personen, die erstmalig Bürgergeld beantragen müssen, sollten gegebenenfalls etwaig einzusetzendes Vermögen vor Antragstellung dazu verwenden, um Schulden zu tilgen.

Ist ein sofortiger Zugriff auf berücksichtigungsfähiges Vermögen nicht möglich, weil eine wirtschaftlich sinnvolle Verwertung des Vermögens einen längeren Zeitraum in Anspruch nimmt, so sind gegebenenfalls Leistungen der Grundsicherung für Arbeitssuchende in Form von Darlehen nach Maßgabe des § 24 Abs. 5 SGB II zu zahlen. Etwaige Darlehnsleistungen können dabei davon abhängig gemacht werden, dass der Rückzahlungsanspruch gesichert wird (etwa durch Eintragung von Grundpfandrechten im Grundbuch).

III. Ermittlung des anrechenbaren Vermögens

Von dem zu berücksichtigenden Vermögen sind, wie beim Einkommen auch, weitere Beträge abzusetzen. Gemäß § 12 Abs. 2 SGB werden vom Vermögen für jede Person in der Bedarfsgemeinschaft ein Betrag von 15. 000 EUR abgesetzt. Hierdurch verringert sich das anzurechnende Vermögen. Innerhalb der Bedarfsgemeinschaft dürfen nicht ausgeschöpfte Absetzbeträge auf andere Personen der Bedarfsgemeinschaft übertragen werden.

Beispiel: Die Eheleute Meier haben jeweils eigene Sparkonten. Herr Meier hat ein Bankguthaben von 5.000 EUR, während seine Frau über ein Sparvermögen von 20.000 EUR verfügt. Sonstige Vermögenswerte sind nicht vorhanden. Auch beziehen beide kein Einkommen.

Frau und Herr Meier haben jeweils einen Absetzbetrag von 15.000 EUR. Herr Meier schöpft dies nicht aus und daher wird der nicht benötigte ABSETZBETRAG von 10.000 EUR auf seine Frau übertragen. Sie hat dadurch einen maximalen Freibetrag von 25.000 EUR, der von ihrem Vermögen ebenfalls abgezogen werden muss. Ihr Vermögen von 20.000 EUR erreicht diesen

Betrag nicht. Daher haben beide Eheleute aufgrund ihrer Absetzbeträge kein anrechenbares Vermögen. Da auch kein Einkommen erzielt wird, gelten sie als hilfebedürftig. Das gesamte Vermögen der Bedarfsgemeinschaft von 25.000 EUR wird im Ergebnis nicht berücksichtigt und braucht daher auch nicht zur Beseitigung der Hilfebedürftigkeit verwendet werden.

Eine wichtige Regelung enthält § 12 Abs. 3 SGB II, wodurch eine KARENZZEIT von einem Jahr normiert wird. Danach wird im ersten Jahr des Bezuges von Bürgergeld das vorhandene Vermögen, soweit es nicht erheblich ist, bei der Frage der Hilfebedürftigkeit nicht berücksichtigt. Das Vermögen ist erheblich, wenn es in der Gesamtheit 40.000 EUR für die leistungsberechtigte Person und zuzüglich 15.000 EUR für jede weitere in der Bedarfsgemeinschaft lebende Person übersteigt. Hierbei wird ein selbstgenutztes Hausgrundstück oder Eigentumswohnung bei der Feststellung eines erheblichen Vermögens nicht mit einbezogen.

EXPERTENTIPP ZUR KARENZZEIT:
Für das erste Jahr (Karenzzeit) nach der Antragstellung wird Vermögen bis zu 40.000 EUR zuzüglich 15.000 EUR für jede weitere Person nicht berücksichtigt. Das Vermögen mindert so das Bürgergeld nicht.

Wenn ein ERHEBLICHES VERMÖGEN – es übersteigt also den Wert von 40.000 EUR – vorliegt, gelten aber in der Karenzzeit erhöhte Freibeträge. Eine Person erhält einen Absetzbetrag von 40.000 EUR, wobei für jede weiter Person nochmals 15.000 EUR hinzukommen.

Im Ergebnis wird somit in der Karenzzeit das nicht erhebliche Vermögen von vornherein geschützt. Es muss daher auch nicht für die Beseitigung der Hilfebedürftigkeit eingesetzt werden. Die Bewertung der Vermögenssituation wird durch eine gesetzliche Vermutungsregelung für das Jobcenter erleichtert. Gemäß § 12 Abs. 4 S. 3 SGB II wird VERMUTET, dass kein erhebliches Vermögen vorliegt, wenn der Antragsteller dies erklärt. Dabei ist eine Selbstauskunft der Erklärung beizufügen. Gegebenenfalls hat das Jobcenter das Recht, den Antragsteller zur Vorlage entsprechender Nachweise aufzufordern. Durch die vorstehenden Regelungen kann schnell über Anträge auf Bürgergeldleistungen entschieden werden, da zunächst eine umfassende Erhebung des Vermögensstatus entfällt.

Zusammenfassung:
Grundsätzlich ist das vorhandene Vermögen einer Person zur Überwindung der Hilfebedürftigkeit einzusetzen. Allerdings werden bestimmte Vermögenswerte bei der Prüfung der Hilfebedürftigkeit ausgeklammert. Dazu gehören zB die selbstgenutzte Immobilie, soweit eine gewisse Größe nicht überschritten wird, ferner der angemessene Hausrat und ein angemessenes Kraftfahrzeug. Beim zu berücksichtigenden Vermögen gilt zudem ein Freibetrag von 15.000 EUR. In der sog. Karenzzeit (das erste Jahr nach der Antragstellung) wird sogar ein Vermögen in einem erweiterten Umfang nicht berücksichtigt.

Leistungen zur Eingliederung in Arbeit

Wenn über die finanziellen Leistungen des Bürgergeldes gesprochen wird, wird häufig übersehen, dass die Eingliederungsleistungen eine genauso hohe Bedeutung haben. Denn ein Ziel des SGB II ist gerade die Integration in den Arbeitsmarkt. Und dafür enthält das SGB II wichtige Fördermöglichkeiten. Diese Eingliederungsleistungen können auch bei Wegfall der Hilfebedürftigkeit weiterhin erbracht werden, wenn dies wirtschaftlich ist oder die erwerbsfähige Person die Maßnahme erfolgreich abschließen wird. Durch die damit mögliche Kontinuität wird die Nachhaltigkeit der Eingliederungsmaßnahme gesichert.

5. Leistungen zur Eingliederung in Arbeit

I. Maßnahmen zur Unterstützung des Eingliederungsprozesses

1. Potenzialanalyse und Kooperationsplan, § 15 II SGB II

Ausgangslage für den Prozess der Eingliederung in Ausbildung oder in Arbeit ist nach § 15 Abs. 1 SGB II die Erstellung einer POTENZIALANALYSE. Diese umfasst die persönlichen Merkmale, die beruflichen Fähigkeiten und die Eignung mit Blick auf mögliche Eingliederungsmaßnahmen. Eine erfolgreiche und nachhaltige Eingliederung setzt eine umfassende Feststellung und Analyse der gegebenen Fertigkeiten, Kompetenzen und Entwicklungsmöglichkeiten der leistungsberechtigten Person voraus. Dies bedingt auch die Erhebung von vorhandenen Ressourcen, Stärken und Schwächen. Auch wird durch die Potenzialanalyse die Erforderlichkeit von kommunalen Eingliederungsleistungen nach § 16a SGB II ermittelt.

In einem nächsten Schritt erfolgt die Erarbeitung eines KOOPERATIONSPLANES. In diesem werden das Eingliederungsziel und die zur Realisierung erforderlichen Schritte festgehalten. Jobcenter und die erwerbsfähige leistungsberechtigte Person treten in einen Austausch über die wechselseitig bestehenden Erwartungen und Einschätzungen der konkreten Situation. Die gesetzliche Regelung strebt eine vertrauensvolle Zusammenarbeit an, die auf die Erzielung eines Konsenses ausgerichtet ist. Die leistungsberechtigte Person soll frei von Zwängen ihre Vorstellungen in den Prozess einbringen können. Daher ist auch die Ersteinladung zum Gespräch über die Erstellung einer Potentialanalyse und des Kooperationsplanes nicht mit einer Belehrung über die Rechtsfolgen bei einer Nichtteilnahme verbunden. Bei Meinungsverschiedenheiten kann sogar ein SCHLICHTUNGSVERFAHREN nach § 15a SGB II eingeleitet werden, um einen gemeinsamen Lösungsvorschlag zu entwickeln. Während der Verfahrensdauer sind rechtlich negative Folgen, wie eine Minderung der Bürgergeldleistungen, ausgeschlossen.

Im Kooperationsplan sollen folgende Aspekte festgelegt werden:

- die angestrebte Ausbildung oder die Tätigkeit bzw. Tätigkeitsbereiche, in die eine Vermittlung stattfinden soll,
- die konkreten Eingliederungsmaßnahmen bezogen auf eine mögliche Ausbildung oder Arbeit,
- die erforderlichen Eigenbemühungen des erwerbsfähigen Leistungsberechtigten. Hierdurch wird deutlich, welche Anstrengungen seitens des Jobcenters erwartet werden. Für die Leistungsberechtigten

besteht eine klare Orientierung über den Umfang ihrer Mitwirkungspflichten (zB Anzahl der monatlichen Bewerbungen, Bereitschaft zur Teilnahme an den Vorstellungsgesprächen). Der Umfang der vereinbarten Eigenbemühungen muss realistisch sein, damit die Leistungsfähigkeit nicht überschritten wird. Bei unrealistischen Umfängen besteht nicht nur die Gefahr einer Demotivation, sondern hierin kann auch ein Verstoß gegen den rechtsstaatlichen Grundsatz der Verhältnismäßigkeit gesehen werden. Die Vereinbarungsinhalte sind individuell auf die Person und die gegebenen Umstände abzustimmen. Dabei ist sorgfältig darauf zu achten, dass die Forderungen an den Erwerbsfähigen eindeutig und klar beschrieben werden, um verständlich und erfüllbar zu sein. So werden beispielsweise zehn Bewerbungen im Monat in der Regel noch als verhältnismäßig angesehen.

Im Kooperationsplan soll

- die Teilnahme an einen Integrationskurs oder einer Maßnahme zur Sprachförderung,
- die Einbeziehung weiterer Leistungsträger in den Eingliederungsprozess,
- ein möglicher Bedarf an Leistungen zur beruflichen oder medizinischen Rehabilitation

geregelt werden.

Im Kooperationsplan kann ferner festgehalten werden,

- welche Eingliederungsmaßnahmen mit Blick auf gesundheitliche Einschränkungen für einen Zugang zum Arbeitsmarkt in Betracht kommen und
- wie für weitere Personen der Bedarfsgemeinschaft Zugänge zum Arbeitsmarkt erleichtert werden können.

Der Kooperationsplan aber vor allem der gesamte Planungsprozess stellen die Grundlage für die weiteren Schritte zur Eingliederung dar. Die leistungsberechtigte Person hat hier die Möglichkeit gleichberechtigt mit dem Jobcenter ihre Vorstellungen und Ziele nicht nur zu artikulieren, sondern auch AKTIV in den Eingliederungsprozess einzubringen. Zudem dokumentiert der Kooperationsplan die wechselseitigen Erwartungen und Verpflichtungen und schafft eine wichtige Orientierung für den weiteren Eingliederungsprozess. Im Vordergrund steht nunmehr eine vertrauensvolle und kooperative Zusammenarbeit.

EXPERTENTIPP ZUM KOOPERATIONSPLAN:
Potentialanalyse und Kooperationsplan sind die Grundlage für ein erfolgreiche Eingliederung in den Arbeitsmarkt. Jobcenter wie die Leistungsberechtigten sollten gerade im Kooperationsplan konkret ihre Vorstellungen und Ziele artikulieren und festhalten.

Dazu gehört auch eine kontinuierliche Fortschreibung des Kooperationsplans. Gemäß § 15 Abs. 3 SGB II soll dieser nach spätestens nach sechs Monaten aktualisiert und fortgeschriebenen werden.

Der KOOPERATIONSPLAN entfaltet KEINE RECHTLICHEN WIRKUNGEN, jedoch hat das Jobcenter regelmäßig zu überprüfen, ob die vereinbarten Absprachen eingehalten werden (§ 15 Abs. 5 SGB II). Zugleich kann eine Aufforderung hierzu erfolgen, die mit einer Rechtsfolgenbelehrung verbunden ist. Die Aufforderungen zu den Mitwirkungshandlungen sind somit als Verwaltungsakt zu qualifizieren. Wenn eine leistungsberechtigte Person nicht einverstanden ist, hat sie einen Widerspruch zu erheben.

Soweit ein Kooperationsplan nicht zustande kommt oder nicht fortgeschrieben wird, kann das Jobcenter unmittelbar zu erforderlichen Mitwirkungshandlungen auffordern (§ 15 Abs. 6 SGB II). Die Aufforderung ist auch hier mit einer Rechtfolgenbelehrung versehen.

Um die vereinbarten Eingliederungsziele zu erreichen, ist es nicht ausgeschlossen, sogar zu Mitwirkungshandlungen aufzufordern, die selbst nicht ausdrücklich im Kooperationsplan genannt worden sind. Aber auch hier gilt die Beachtung des Verhältnismäßigkeitsgrundsatzes durch das Jobcenter. Dies hat zu prüfen, ob die verlangten MITWIRKUNGSHANDLUNGEN tatsächlich zur Zielerreichung erforderlich sind und ob sie die leistungsberechtigte Person nicht überfordern. Letzteres wäre zu bejahen, wenn jemand aufgefordert wird, im Monat 20 Bewerbungen zu schreiben. Hier wäre die Grenze des Angemessenen und damit des Zumutbaren überschritten. Ein derartiger Inhalt wäre folglich rechtwidrig.

Auch wenn der Kooperationsplan zunächst rechtlich unverbindlich ist, stellt er aber die Grundlage für weitere rechtliche Maßnahmen dar. Soweit die leistungsberechtigte Person einer Aufforderung zu einer erforderlichen Mitwirkungshandlung nicht nachkommt, stellt dies eine PFLICHTVERLETZUNG gemäß § 31 Abs. 1 Nr. 1 SGB II dar. Nach § 31a Abs. 1 SFGB droht eine Kürzung des Bürgergeldes in mehreren Stufen.

EXPERTENTIPP ZUM COACHING:
Das Coaching bietet eine Hilfe zur Überwindung von vorhandenen Problemen, die eine Eingliederung erschweren könnten. Gerade die offene Formulierung im Gesetz eröffnet die Chance, dass auf die spezifischen Probleme der Leistungsberechtigten passgenau eingegangen wird.

2. Ganzheitliche Betreuung, § 16k SGB II

Eine weitere ergänzende Leistung stellt die ganzheitliche Betreuung dar. Diese unterstützt den Aufbau der Beschäftigungsfähigkeit (§ 16k Abs. 1 SGB II) oder kann bei jungen Menschen auch zur Heranführung an eine Ausbildung oder zur Begleitung bei einer Ausbildung (§ 16k Abs. 2 SGB II) erfolgen. Durch ein COACHING sollen die spezifischen Problemlagen, die

die Beschäftigungsfähigkeit des erwerbsfähigen Leistungsberechtigten beeinträchtigen, bearbeitet werden. Damit tritt neben den kommunalen Eingliederungsleistungen nach § 16a SGB II (zB Schuldnerberatung, psychosoziale Betreuung, Suchtberatung) ein Coachingangebot hinzu, für das die Agentur für Arbeit zuständig ist und die Kosten zu tragen hat. Auch hier zeigt sich eine verstärkte Hinwendung zur individuellen schwierigen Lebenslage der Leistungsberechtigten. Schulden, familiäre Probleme, Schwierigkeiten im Umgang mit Behörden, können zu einer erheblichen Beeinträchtigung der Beschäftigungsfähigkeit führen.

Daher macht es Sinn, ein zielgerichtetes Coaching für die hiervon betroffenen leistungsberechtigten Personen durchzuführen, weil ansonsten eine Vermittlung in ein Arbeitsverhältnis erschwert oder nicht dauerhaft gelingen wird. Die konkrete Ausgestaltung des Coachings ist aber gesetzlich nicht weiter erfolgt. Lediglich gewisse Eckpunkte werden vorgegeben, wenn von einer ganzheitlichen und aufsuchenden Betreuung gesprochen wird. Auch können hierfür externe Organisationen oder Personen eingesetzt werden. Zugleich wird auf Regelungen des § 45 SGB III verwiesen: Danach werden u. a. die angemessenen Kosten dieser Maßnahme für die leistungsberechtigte Person (zB Fahrtkosten, Kinderbetreuungskosten) übernommen. Die Realisierung kann in Einzel- oder Gruppenmaßnahmen erfolgen, die dem Ziel des Coachings entsprechen. Ferner kann das Jobcenter ein Maßnahmeziel und die Inhalte festlegen. Soweit dies erfolgt, ist auch die Ausstellung eines Gutscheines möglich, mit dem sich der Leistungsberechtigte an einen Träger von Eingliederungsmaßnahmen wenden kann.

Nach der Weisung der Bundesagentur für Arbeit vom 26.5.2023 kann Inhalt des Coachings neben der Beratung die Unterstützung in der konkreten persönlichen Situation (zB Tagesstrukturierung, Stärkung der sozialen Kompetenzen), die Unterstützung im Alltag (zB Umgang mit Geld, Begleitung und Hilfe bei der Kommunikation mit Behörden) oder die Aktivierung zur Inanspruchnahme spezieller Fachdienste (zB Suchtberatung, Schuldnerberatung oder psychosoziale Beratung) sein. Auch die Hilfestellung zum Aufbau eines verlässlichen Verhaltens (Pünktlichkeit, Einhaltung von Absprachen) gehören zum Coaching. Durch die ganzheitliche Betreuung erhält das Jobcenter intensiven Kontakt zur Lebenswelt der leistungsberechtigten Person. Dies ist einerseits positiv, weil das klassische Behörden-Bürger-Verhältnis überschritten wird und die Person ganzheitlich erfasst und berücksichtigt wird. Andererseits erhalten die Fachkräfte des Coachings sehr viele Informationen und sensible Daten über die persönliche Lebenssituation. Hier ist sicherzustellen, dass bei der Weitergabe der Daten der Datenschutz beachtet wird. Wenn staatlich anerkannte Sozialarbeiterinnen oder Sozialarbeiter eingesetzt werden, ist der § 203 StGB von Bedeutung, wonach die Weitergabe von anvertrauten Geheimnissen insbesondere ohne Einwilligung nur in engen Grenzen nicht strafbar ist. Aber auch hier gilt, dass das Coaching nur gelingen kann, wenn eine Vertrauensbeziehung zwischen dem Coach und der leistungsberechtigen Person besteht, die wesentlich für die Bereitschaft zur Mitarbeit ist.

3. Förderung schwer zu erreichender junger Menschen, § 16h SGB II

Eine besondere Herausforderung für das Jobcenter stellen junge Menschen dar, die aufgrund ihrer persönlichen Lebenssituation von den Sozialsystemen nicht erreicht werden. Ihre Lebenssituation kann zB durch Armut, fehlende Bildungsmotivation, Krankheiten oder Obdachlosigkeit geprägt sein. Nach § 16h SGB II können Leistungen zur Überwindung der bestehenden Schwierigkeiten erbracht werden, damit eine schulische oder berufliche Qualifikation abgeschlossen wird. Dazu gehört aber auch die Unterstützung bei der Beantragung und Inanspruchnahme von Sozialleistungen. Nach § 16h SGB II sollen für junge Menschen, die das 25. Lebensjahr noch nicht vollendet haben, zusätzliche Betreuungs- und Unterstützungsleistungen erbracht werden. Die Leistungserbringung erfolgt unter Abstimmung mit dem örtlich zuständigen Träger der Jugendhilfe. Dies ist sinnvoll, da sich die Aufgabengebiete des SGB II und SGB VIII (Kinder- und Jugendhilfe) hier eng berühren.

EXPERTENTIPP ZUR KOOPERATION: Mit NIEDRIGSCHWELLIGEN ANGEBOTEN können gerade junge Menschen besser angesprochen werden. Das SGB II bietet hier die Möglichkeit in Zusammenarbeit mit den Trägern der Jugendhilfe altersgerechte Angebote zu entwickeln. Diese Angebote bilden eine wichtige Schnittstelle zwischen Jugendamt und Jobcenter, um junge Menschen in ihrer Lebenswelt zu erreichen.

Auch ist beim öffentlichen Träger der Jugendhilfe die fachliche Kompetenz und die Erfahrung mit einer niedrigschwelligen aufsuchenden Sozialarbeit vorhanden. Über § 16h SGB II können Projekte mit Sportvereinen finanziert werden, in denen junge Menschen über den Sport Gemeinschaft und eine positive Selbsterfahrung erfahren, wobei zugleich der Kontakt zu den Sozialarbeitern eröffnet wird. Auch die mobile aufsuchende Beratung an sozialen Brennpunkten oder die Eröffnung einer Begegnungsstätte („Jugend-Café“) sind geeignete Leistungen, um junge Menschen zu erreichen.

II. Eingliederungsleistungen des SGB III und kommunale Leistungen

Nach § 16 Abs. 1 SGB II stehen alle wesentlichen Eingliederungsleistungen des SGB III auch den Beziehern des Bürgergeldes zur Verfügung. Mit Ausnahme der Ausbildungs- und Arbeitsvermittlung, auf die ein Rechtsanspruch besteht, handelt es sich ansonsten um Ermessensleistungen. Dies sind insbesondere

- die Leistungen der Beratung und Vermittlung,
- die Leistungen zur Aktivierung und zur beruflichen Eingliederung,
- die Leistungen zur Berufsausbildung,
- die Leistungen zur beruflichen Weiterbildung,
- die Leistungen zur Aufnahme einer sozialversicherungspflichtigen Beschäftigung und
- die Leistungen zur Eingliederung von erwerbsfähigen Leistungsberechtigten mit Behinderungen.

Eine flexible Förderung ist insbesondere durch das VERMITTLUNGSBUDGET nach § 44 SGB III gegeben. Es können Bewerbungskosten, anfallende Reisekosten für die Fahrten zwischen Arbeitsplatz und Wohnung, Umzugskosten aber auch die Kosten für einen Führerschein übernommen werden. Hierdurch dürfen aber die Leistungen nach dem SGB II nicht aufgestockt, ersetzt oder umgangen werden (§ 16 Abs. 2 S. 2 SGB II). Auch wird bei der Teilnahme an Maßnahmen der beruflichen Weiterbildung gemäß § 87 SGB III eine Pauschale von 160 EUR für die Kinderbetreuung gewährt. Soweit höhere Kosten anfallen, werden diese übernommen.

EXPERTENTIPP ZUM VERMITTLUNGSBUDGET:
Durch das Vermittlungsbudget ist eine passgenaue und individuelle Unterstützung der Leistungsberechtigten möglich. Daher ist es wichtig, die zusätzlichen Bedarfslagen bereits im Kooperationsplan aufzunehmen.

Erwerbsfähige Leistungsberechtigte mit Behinderungen:
Weitergehende Maßnahmen sind für ERWERBSFÄHIGE LEISTUNGSBERECHTIGTE MIT BEHINDERUNGEN vorgesehen. Ein zentraler Aspekt ist hier die Förderung der Teilhabe am Arbeitsleben. So gibt es nach § 46 SGB III die Förderung einer Probebeschäftigung durch Zuschüsse an den Arbeitgeber oder durch Zuschüsse für eine behindertengerechte Ausgestaltung von Ausbildungs- oder Arbeitsplätzen. Die allgemeinen Leistungen umfassen Leistungen zur Aktivierung und beruflichen Eingliederung, zur Berufsausbildung sowie zur beruflichen Weiterbildung. Insoweit werden nach § 127 SGB III die Teilnahmekosten für Maßnahmen übernommen. Dazu gehören auch Reisekosten, Haushalts- und Kinderbetreuungskosten sowie Aufwendungen für erforderliche eingliederungsbegleitende Dienste.

Daneben bestehen spezifische KOMMUNALE ANGEBOTE (§ 16a SGB II), die für eine Eingliederung des erwerbsfähigen Leistungsberechtigten in das Erwerbsleben erforderlich sind. Es handelt sich um Leistungen, die im Ermessen stehen. Der kommunale Träger hat insoweit einen Gestaltungsspielraum bezüglich seiner Leistungen. Zu den kommunalen Leistungen gehören:

- die Betreuung minderjähriger Kinder oder von Kindern mit Behinderungen oder die häusliche Pflege von Angehörigen,
- die Schuldnerberatung,
- die psycho-soziale Betreuung, sowie
- die Suchtberatung.

III. Finanzielle Unterstützungsleistungen

1. Einstiegsgeld, § 16b SGB II

EXPERTENTIPP ZUM EINSTIEGSGELD:
Das Einstiegsgeld fördert die Aufnahme eines Arbeitsverhältnisses oder einer selbständigen Tätigkeit. Es handelt sich um eine Ermessensleistung, die vor Aufnahme der Tätigkeit zu beantragen ist.

Zur Überwindung von Hilfebedürftigkeit KANN (Ermessensentscheidung) erwerbsfähigen Leistungsberechtigten bei der Aufnahme einer Erwerbstätigkeit oder einer selbständigen Tätigkeit ein EINSTIEGSGELD erbracht werden, wenn dies zur Eingliederung in den allgemeinen Arbeitsmarkt erforderlich ist. Das Einstiegsgeld wird als Zuschuss zum Arbeitsentgelt erbracht (Kombilohn). Es kann nach § 16b Abs. 1 S. 2 SGB II auch erbracht werden, wenn die Hilfebedürftigkeit durch oder nach Aufnahme der Erwerbstätigkeit entfällt. Gleichzeitig soll mit dem Einstiegsgeld auch die praktische Handhabung eines Zuschusses bei der finanziellen Unterstützung von Existenzgründungen erleichtert werden. Existenzgründer können für den jeweiligen Bewilligungszeitraum in ihrem Wirtschaftsplan mit dem Einstiegsgeld als Einnahme kalkulieren.

Das Einstiegsgeld wird, soweit für diesen Zeitraum eine Erwerbstätigkeit besteht, höchstens für 24 Monate gezahlt. Bei der Bemessung der Höhe des Einstiegsgeldes soll die vorrangige Dauer der Arbeitslosigkeit sowie die Größe der Bedarfsgemeinschaft berücksichtigt werden, in der der leistungsberechtigte Erwerbsfähige lebt.

2. Leistungen zur Eingliederung von Selbständigen, § 16c SGB II
Eingliederungsleistungen für eine SELBSTÄNDIGE TÄTIGKEIT können außerdem erbracht werden, wenn zu erwarten ist, dass die selbständige Tätigkeit wirtschaftlich tragfähig ist und die Hilfebedürftigkeit durch die selbständige Tätigkeit innerhalb eines angemessenen Zeitraumes dauerhaft überwunden oder verringert wird.

So können Darlehen und Zuschüsse für die Beschaffung von Sachgütern an selbständige, hauptberuflich tätige erwerbsfähige Leistungsberechtigte gewährt werden, wenn die Sachgüter für die Ausübung der selbständigen Tätigkeit notwendig und angemessen sind. Zuschüsse dürfen einen Betrag von 5.000 EUR im Einzelfall nicht übersteigen. Denkbar wäre ein Darlehen oder Zuschuss für die Anschaffung von IT-Hardware, Software etc. oder für die Kaution bei der Anmietung von Geschäftsräumen.

3. Schaffung von Arbeitsgelegenheiten, § 16d SGB II
Erwerbsfähige Leistungsberechtigte, die keine Arbeit finden können, können in Arbeitsgelegenheiten zugewiesen werden (§ 16d Abs. 1 SGB II). Hierdurch wird aber kein Arbeitsverhältnis im Sinne des Arbeitsrechts begründet (SOGENANNTER 1-EUR-JOB). Durch die Heranziehung zu gemeinnützigen und zusätzlichen Arbeiten soll einer Arbeitsentwöhnung vorgebeugt werden und der Einzelne auf die spätere Übernahme einer geordneten Tätigkeit im allgemeinen Arbeitsleben vorbereitet werden. Die Arbeiten müssen dabei im öffentlichen Interesse liegen und dürfen nicht irgendwelchen privaten Zwecken dienen. Als zusätzlich sind die Arbeiten dann anzusehen, wenn die Arbeiten sonst nicht, nicht in diesem Umfang oder nicht zu diesem Zeitpunkt verrichtet werden würden. So ist insbesondere die Art der Tätigkeit, Tätigkeitsort, zeitlicher Umfang, zeitliche Verteilung und die Höhe der Mehraufwandsentschädigung zu bestimmen. Außerdem sollte eine konkrete Integrationsstrategie festgelegt werden. Die MEHRAUFWANDSENTSCHÄDIGUNG muss so hoch sein, dass die tatsächlichen zusätzlichen Aufwendungen (etwa Fahrtkosten, Ernährung, Kleidung) abgedeckt sind. Daher braucht sich die Höhe auch nicht an den üblichen Stundenlohn orientieren. Eine Mehraufwandsentschädigung kann sich zB auf 2–3 EUR je Stunde belaufen.

Beispiel zur Mehraufwandsentschädigung:
Der Leistungsberechtigte erhält Bürgergeld und wird zu gemeinnützigen Arbeiten in einer Größenordnung von 15 Wochenstunden bei einer Mehraufwandsvergütung von 2 EUR pro Stunde herangezogen. Der Leistungsberechtigte muss dann im Monat durchschnittlich 60 Arbeitsstunden ableisten und erhält dafür 120 EUR zusätzlich zum Bürgergeld.

Erwerbsfähige Leistungsberechtigte dürfen innerhalb eines Zeitraums von fünf Jahren nicht länger als insgesamt 24 Monate in Arbeitsgelegenheiten zugewiesen werden. Eine weitere Verlängerung bis zu 12 Monaten ist möglich. Eine geringfügige Beschäftigung auf Minijob-Basis ist auch neben der Teilnahme an einer Arbeitsgelegenheit grundsätzlich möglich.

4. Eingliederung von Langzeitarbeitslosen, § 16e SGB II
Arbeitgeber können einen ZUSCHUSS ZUM ARBEITSENTGELT erhalten, wenn sie einen Leistungsberechtigten einstellen, das heißt, wenn ein Arbeitsverhältnis begründet wird. Voraussetzung ist, dass

- der erwerbsfähige Leistungsberechtigte mindestens zwei Jahre arbeitslos ist,
- bereits durchgeführte Vermittlungsversuche und erbrachte Eingliederungsmaßnahmen erfolglos waren und
- ein sozialversicherungspflichtiges Arbeitsverhältnis von mindestens zwei Jahren begründet wird.

Die Höhe des Beschäftigungszuschusses beträgt im ersten Beschäftigungsjahr 75 % und im zweiten Jahr 50 % des Arbeitsentgeltes. Um die Eingliederung zu unterstützen, ist eine ganzheitliche beschäftigungsbegleitende Betreuung durch die Bundesagentur für Arbeit vorgeschrieben.

5. Leistungen zur Teilhabe am Arbeitsmarkt, § 16i SGB II
Um Personen in ein reguläres Arbeitsverhältnis zu vermitteln, wird die Gewährung von Zuschüssen zum Arbeitsentgelt an den Arbeitgeber ermöglicht. Voraussetzung ist, dass mit dem zugewiesenen erwerbsfähigen Leistungsberechtigten ein sozialversicherungspflichtiges Arbeitsverhältnis begründet wird. Der Zuschuss soll Unternehmen motivieren längere Zeit arbeitslose Menschen trotz eines vielleicht zu Beginn höheren Betreuungs- und Unterstützungsbedarfs einzustellen. Der Zuschuss beträgt im ersten und zweiten Beschäftigungsjahr 100 %, im dritten Jahr 90 %, im vierten Jahr 80 % und im fünften Jahr des Arbeitsverhältnisses noch 70 % des nach tarifvertraglichen Regelungen oder kirchlichen Arbeitsrechtsregelungen zu zahlenden Arbeitsentgeltes. Bestehen keine kollektivvertraglichen Regelungen beziehen sich die prozentualen Zuschüsse auf den gesetzlichen Mindestlohn.

Voraussetzung für eine Förderung ist, dass die leistungsberechtigte Person

- das 25. Lebensjahr vollendet hat,
- innerhalb der letzten sieben Jahre mindestens sechs Jahre Leistungen der Grundsicherung/Bürgergeld erhalten hat,

- während dieser Zeit nicht oder nur kurzzeitig beschäftigt oder selbständig tätig war und
- für sie noch nicht für eine Dauer von fünf Jahren Lohnzuschüsse an Arbeitgeber erbracht wurden.

Bei Personen, die schwerbehindert sind, oder bei Personen, die mit einem minderjährigen Kind in einer Bedarfsgemeinschaft leben, ist eine Zuschussgewährung möglich, auch wenn sie nicht zuvor sechs Jahre Leistungen nach dem SGB II bezogen haben.

Das geförderte Arbeitsverhältnis kann auch befristet bis zu einer Dauer von fünf Jahren eingegangen werden. Innerhalb dieser Zeitspanne von fünf Jahren ist bei einer ersten kürzeren Befristungszeit eine einmalige Verlängerung des Arbeitsvertrages möglich. Um eine dauerhafte Integration in ein Arbeitsverhältnis zu gewährleisten, erfolgt eine umfassende beschäftigungsbegleitende Betreuung. Hierfür ist eine Freistellung unter Fortzahlung des Arbeitsentgelts durch den Arbeitgeber zu gewähren.

EXPERTENTIPP ZUM LOHNZUSCHUSS:
Die Beantragung eines Lohnzuschusses muss zwingend vor Abschluss des Arbeitsvertrages erfolgen. Antragssteller ist der potenzielle Arbeitgeber, an den Lohnzuschuss auch ausgezahlt wird.

Diese Förderung nach § 16i SGB II ist nur möglich, wenn mit der betreffenden Person noch kein Arbeitsvertrag geschlossen worden ist. Denn § 16i SGB II spricht von zugewiesenen erwerbsfähigen Leistungsberechtigten. Es wird als erstes durch das Jobcenter entschieden, ob eine Person für diese Eingliederungsleistung überhaupt Infrage kommt. Sind die persönlichen Voraussetzungen erfüllt, wird ein geeigneter Arbeitsplatz ausgewählt. Daher müssen die Jobcenter bereits zuvor über eine Auswahl von Arbeitgebern verfügen, die zur Beteiligung an dieser Förderung bereit sind und die auch geeignete Arbeitsplätze anbieten können. Ist dies geklärt, erfolgt eine Zuweisung durch Mitteilung an die leistungsberechtigte Person. Diese kann auch mit einer Rechtsfolgenbelehrung versehen sein.

Wenn nun ein Arbeitsvertrag abgeschlossen wird, sind die Voraussetzungen für den Lohnkostenzuschuss erfüllt. Da es sich um eine direkte Leistung an den Arbeitgeber handelt, kann auch nur dieser einen entsprechenden Antrag stellen.

Die sehr hohen Zuschüsse zum Arbeitsentgelt minimieren das wirtschaftliche Risiko des Arbeitgebers und erhöhen die Bereitschaft zur Beschäftigung von Menschen, die sich aufgrund der langen Arbeitslosigkeit erst in den kontinuierlichen Arbeitsprozess eingewöhnen müssen und im Vergleich zu den übrigen Mitarbeitenden eine geringere Leistungsfähigkeit aufweisen. Auch für die eingestellten Personen bietet sich eine gute Chance zur Kompetenzentwicklung.

Gelingen wird dieser Prozess nur, wenn eine ausreichende Motivation vorliegt und diese auch kontinuierlich erhalten wird. Dafür sind die Begleitung und Betreuung durch das Jobcenter unabdingbar.

Auch wenn die Verweigerung diese Eingliederungsmaßnahme anzutreten eine Pflichtverletzung nach § 31 Abs. 1 S. 1 Nr. 3 SGB II ist und zu einer Leistungsminderung führt, sollte das Jobcenter schon vor der Zuweisung an einen Arbeitgeber darauf achten, ob bei der leistungsberechtigten Person eine stabile Motivation und Bereitschaft vorliegt. Es ist kontraproduktiv, wenn über das Instrument der Leistungsminderung die Eingliederung gesteuert werden würde.

EXPERTENTIPP ZUR FREIEN FÖRDERUNG:
Die Freie Förderung bietet nicht nur die Chance zur individuellen Förderung, sondern ermöglicht auch das Testen neuer Eingliederungsansätze. Hierbei hat das Jobcenter aber immer zu prüfen, ob nicht auch mit den anderen Eingliederungsmaßnahmen das Ziel der Fördermaßnahme erreicht werden kann.

6. Freie Förderung, § 16f SGB II

Ferner besteht die Möglichkeit einer Erweiterung der gesetzlich normierten Eingliederungsleistungen durch weitere FREIE FÖRDERLEISTUNGEN. Es können neue Eingliederungsansätze geschaffen und in der Praxis getestet werden. Allerdings dürfen die gesetzlichen Leistungen nicht umgangen oder einfach nur aufgestockt werde. Bei Langzeitarbeitslosen und Personen, die das 25. Lebensjahr noch nicht vollendet haben, wäre dies aber möglich. Adressaten der Förderung können die leistungsberechtigte Person, ein Arbeitgeber oder ein Projektträger sein. Im Rahmen der freien Forderung kann auch eine Unterstützung zur Sicherung der Mobilität bei bestehenden Arbeitsverhältnissen geleistet werden (Führerscheinerwerb, Zuschuss zur Anschaffung eines PKWs). Denkbar ist eine finanzielle Beteiligung an niedrigschwelligen Maßnahmen zB für suchterkrankte Menschen. Gefördert werden können auch Projekte, die eine sozialpädagogische Unterstützung von Bedarfsgemeinschaften zum Ziel haben.

EXPERTENTIPP ZUR TEILNAHME AN WEITERBILDUNGSMASSNAHMEN:
Als Motivation erhalten Personen, die an Weiterbildungsmaßnahmen teilnehmen einen finanziellen Bonus von 75 EUR monatlich.

7. Bürgergeldbonus, § 16j SGB II

Mit dem BÜRGERGELDBONUS wird ein zusätzlicher Anreiz zur Inanspruchnahme von Eingliederungsleistungen geboten. Dieser wird zusätzlich zum Bürgergeld bezahlt, wenn der Leistungsberechtigte an einer Weiterbildungsmaßnahme von mindesten acht Wochen Dauer, an berufsvorbereitenden Bildungsmaßnahmen bzw. Maßnahmen in der Vorphase der Assistierten Ausbildung oder an Maßnahmen zur Förderung schwer zu erreichender junger Menschen nach § 16h SGB II teilnimmt. Der Bürgergeldbonus beträgt 75 EUR im Monat. Nicht zu verwechseln ist der Bürgergeldbonus mit dem Weiterbildungsgeld. Dieses wird geleistet, wenn jemand an einer (längeren) Weiterbildung teilnimmt, die zu einem Berufsabschluss führt. Es beträgt 150 EUR. Die Rechtsgrundlage hierfür ist § 87a SGB III. Allerdings wird in der sozialpolitischen Diskussion die Abschaffung des Bürgergeldbonus gefordert.

Zusammenfassung:
Mit den Eingliederungsleistungen wird die Integration von Menschen in den Erwerbsprozess angestrebt. Basis ist die Potentialanalyse und der Kooperationsplan. Durch das vertrauensvolle Zusammenwirken von Jobcenter und dem erwerbsfähigen Leistungsberechtigten sollen die erforderlichen Maßnahmen abgesprochen und umgesetzt werden. Neben den Leistungen zur Berufsausbildung und zur beruflichen Weiterbildung können auch finanzielle Anreize gesetzt werden, um die Erwerbstätigkeit zu fördern. Dazu zählen Zuschüsse zum Lohn, die Arbeitgeber zum Abschluss eines Arbeitsvertrages motivieren könnten, oder die finanzielle Unterstützung von erwerbsfähigen Leistungsberechtigten durch das Einstiegsgeld. Von Bedeutung ist auch die Begleitung der Menschen in diesem Prozess durch die Möglichkeit der ganzheitlichen Betreuung. Für junge Menschen, die aufgrund ihrer Lebenssituation keinen oder nur bedingt Zugang zu den Unterstützungsangeboten finden, können ferner zusätzliche Betreuungs- und Unterstützungsleistungen erbracht werden.

Leistungen zur Sicherung des Lebensunterhaltes

Die Leistungen zur SICHERUNG DES LEBENSUNTERHALTS nach dem SGB II sollen das sozio-kulturelle Existenzminimum einer Person absichern und damit auch eine soziale Teilhabe ermöglichen. Diese Leistung wird vom Gesetz als BÜRGERGELD bezeichnet. Der Gesetzgeber hat hierfür ein System entwickelt, welches einerseits aus festen Pauschalen zur Bedarfsdeckung besteht und andererseits aber auch die tatsächlich anfallenden Kosten im Einzelfall (Unterkunftskosten, Heizkosten) berücksichtigt. In der sozialpolitischen Diskussion wird kontrovers diskutiert, ob die pauschalen Leistungen in Form der sog. Regelbedarfe tatsächlich ausreichend für die Sicherung des Lebensunterhaltes sind. Nichterwerbsfähige Personen erhalten ebenfalls Bürgergeld, wenn sie mit erwerbsfähigen Leistungsberechtigten in einer Bedarfsgemeinschaft leben (§ 19 Abs. 1 S. 2 SGB II).

6. Leistungen zur Sicherung des Lebensunterhaltes

Das Bürgergeld umfasst im Wesentlichen folgende Leistungen:

- ☐ Regelbedarfe zur Sicherung des Lebensunterhalts gemäß § 20 SGB II mit den Ergänzungen des § 23 SGB II für nichterwerbsfähige Leistungsberechtigte,
- ☐ Mehrbedarfe, § 21 SGB II,
- ☐ Bedarf für Unterkunft und Heizung, § 22 SGB II,
- ☐ abweichende Erbringung von Leistungen, § 24 SGB II,
- ☐ Zuschuss zu Versicherungsbeiträgen, § 26 SGB II,
- ☐ Leistungen für Auszubildende, § 27 SGB II,
- ☐ Leistungen für Bildung und Teilhabe, § 28 SGB II.

I. Die Regelleistung zur Sicherung des Lebensunterhalts, § 20 SGB II

Die monatliche Regelleistung zur Sicherung des Lebensunterhaltes gemäß § 20 Abs. 1 SGB II beträgt ab dem 1.1.2024 für eine alleinstehende Person 563 EUR. Die Ermittlung des REGELBEDARFS und dessen Zusammensetzung werden im Regelbedarfsermittlungsgesetz (RBEG) normiert. Die einzelnen Verbrauchsausgaben am Regelbedarf sind prozentual und betragsmäßig (Stand: 2024) für einen Einpersonenhaushalt ausgehend von § 5 RBEG wie folgt im Regelbedarf von 563 EUR enthalten:

- Nahrung, Getränke (34,70 % Anteil am Regelbedarf): 195,36 EUR
- Bekleidung und Schuhe (8,30 % Anteil am Regelbedarf): 46,72 EUR
- Wohnen, Energie, Wohnungsinstanthaltung (8,48 % Anteil am Regelbedarf): 47,74 EUR
- Innenausstattung, Haushaltsgeräte und -gegenstände, sowie
- laufende Haushaltsführung (6,09 % Anteil am Regelbedarf): 34,28 EUR
- Gesundheitspflege (3,82 % Anteil am Regelbedarf): 21,50 EUR
- Verkehr (8,97 % Anteil am Regelbedarf): 50,50 EUR
- Nachrichtenübermittlung (8.94 % Anteil am Regelbedarf): 50,33 EUR
- Freizeit, Unterhaltung, Kultur (9,76 % Anteil am Regelbedarf): 54,94 EUR
- Bildungswesen (0,36 % Anteil am Regelbedarf): 2,02 EUR

- Beherbergungs- und Gaststättendienstleistungen (2,61 % Anteil am Regelbedarf): 14,69 EUR
- andere Waren und Dienstleistungen (7,98 % Anteil am Regelbedarf): 44,92 EUR

Diese Aufteilung kann auch als Entscheidungshilfe beispielsweise bei der Gewährung von Sonderbedarf oder einmaligem Bedarf nach § 24 Abs. 1 beziehungsweise Abs. 3 SGB II herangezogen werden.

EXPERTENTIPP ZUM REGELBEDARF:
Der Regelbedarf deckt pauschal die Kosten des Lebensunterhaltes ab. Dazu zählt auch die Haushaltsenergie (Strom und Gas), nicht aber die Heizenergie. Diese wird gesondert erbracht.

Die Regelbedarfe werden jeweils zum 1. Januar eines Jahres in Analogie zu § 28a SGB XII angepasst. Die Ermittlung des Regelbedarfs erfolgt auf Basis einer Einkommens- und Verbrauchsstichprobe zur Ermittlung der durchschnittlichen Verbrauchsausgaben einkommensschwacher Haushalte. Ferner werden auch Preissteigerungen bei der Fortschreibung berücksichtigt.

REGELBEDARFSSTUFEN
Leben zwei volljährige Personen als Partner in einer Bedarfsgemeinschaft, so beträgt der Regelbetrag jeweils 90 vom Hundert des Regelbedarfs einer alleinstehenden Person.

Personen, die das 25. Lebensjahr noch nicht vollendet haben und ohne Zusicherung des zuständigen kommunalen Trägers aus der elterlichen Wohnung ausgezogen sind, erhalten bis zur Vollendung des 25. Lebensjahres keine Leistungen für die Unterkunft und Heizung und als Regelbedarf lediglich Leistungen der Regelbedarfsstufe 3 (§ 20 Abs. 3 SGB II).

Insgesamt bestehen SECHS REGELBEDARFSSTUFEN. Die Einordnung ist abhängig von der Lebenssituation (Alleinstehend, Bedarfsgemeinschaft mit anderen Personen) und/oder vom Lebensalter eines Leistungsberechtigten.

REGELBEDARFSSTUFE 1:
Für eine erwachsene leistungsberechtigte Person, die als alleinstehende oder alleinerziehende Person einen eigenen Haushalt führt; dies gilt auch dann, wenn in diesem Haushalt eine oder mehrere weitere erwachsene Personen leben, die der Regelbedarfsstufe 3 zuzuordnen sind.

REGELBEDARFSSTUFE 2:
Für jeweils zwei erwachsene Leistungsberechtigte, die als Ehegatten, Lebenspartner oder in eheähnlicher oder lebenspartnerschaftsähnlicher Gemeinschaft einen gemeinsamen Haushalt führen.

REGELBEDARFSSTUFE 3:
Angehörige einer Bedarfsgemeinschaft, die zwar volljährig sind aber das 25. Lebensjahr noch nicht vollendet haben. Ferner Personen, die das 25. Lebensjahr noch nicht vollendet haben und ohne Zusicherung des kommunalen Trägers umgezogen sind.

REGELBEDARFSSTUFE 4:
Für eine leistungsberechtigte Jugendliche oder einen leistungsberechtigten Jugendlichen vom Beginn des 15. bis zur Vollendung des 18. Lebensjahres.

REGELBEDARFSSTUFE 5:
Für ein leistungsberechtigtes Kind vom Beginn des 7. bis zur Vollendung des 14. Lebensjahres.

REGELBEDARFSSTUFE 6:
Für ein leistungsberechtigtes Kind bis zur Vollendung des 6. Lebensjahres.

Regelbedarfsstufen nach § 28 SGB XII in EUR:

gültig ab	Stufe 1	Stufe 2	Stufe 3	Stufe 4	Stufe 5	Stufe 6
1. 1. 2024	563	506	451	471	390	357

Die Regelleistung umfasst als Pauschale gemäß § 20 Abs. 1 SGB II den gesamten Lebensunterhalt, insbesondere Ernährung, Kleidung, Körperpflege, Hausrat, Haushaltsenergie ohne die auf die Heizung entfallenden Anteile, Bedarfe des täglichen Lebens sowie in vertretbarem Umfange auch Beziehungen zur Umwelt und eine Teilnahme am kulturellen Leben.

Kinder, Jugendliche sowie junge Erwachsene, für die die Regelbedarfsstufen 3–6 gelten, erhalten zusätzlich einen monatlichen Sofortzuschlag in Höhe von 20 EUR (§ 72 Abs. 1 SGB II)

II. Leistungen für Mehrbedarf beim Lebensunterhalt, § 21 SGB II

Neben den Regelleistungen des § 20 SGB II erhalten erwerbsfähige Leistungsberechtigte ferner MEHRBEDARF nach § 21 Abs. 2–5 SGB II. Mehrbedarf wird gezahlt für

- werdende Mütter (§ 21 Abs. 2 SGB II),
- Alleinerziehende (§ 21 Abs. 3 SGB II),
- erwerbsfähige Leistungsberechtigte mit Behinderungen, denen Leistungen zur Teilhabe am Arbeitsleben nach § 33 SGB IX oder Eingliederungshilfen nach § 5112 SGB IX erbracht werden (§ 21 Abs. 4 SGB II),
- erwerbsfähige Leistungsberechtigte, die einer kostenaufwendigen Ernährung bedürfen (§ 21 Abs. 5 SGB II),
- einen unabweisbaren und besonderen Bedarf (§ 21 Abs. 6 SGB II),
- einen schulischen Bedarf, wie Schulbücher oder Arbeitshefte (§ 21 Abs. 6a SGB II)
- die dezentrale Warmwassererzeugung (§ 21 Abs. 7 SGB II).

Die einzelnen Mehrbedarfe können nebeneinander geltend gemacht werden, jedoch darf die Summe der Mehrbedarfe nach den Abs. 2-5 nicht höher als der zugrundeliegende Regelbedarf sein. Eine alleinstehende Person kann neben ihrem Regelbedarf maximal Mehrbedarfe von bis 563 EUR im Monat geltend machen. Diese Begrenzung gilt aber nicht für die anderen Mehrbedarfe, wie den unabweisbaren und besonderen Bedarf, den schulischen Bedarf oder den Mehrbedarf wegen der dezentralen Warmwassererzeugung.

EXPERTENTIPP ZUM MEHRBEDARF:
Mit dem Mehrbedarf werden Belastungen in besonderen Lebenssituationen abgedeckt, die vom Regelbedarf gerade nicht erfasst werden. Wichtig ist auch hier die zeitnahe Beantragung, weil erst ab diesem Zeitpunkt die Leistungen erbracht werden.

In der Praxis sind die Mehrbedarfe für schwangere Frauen und für Alleinerziehende von Bedeutung. SCHWANGERE erhalten einen Mehrbedarf nach der 12. Schwangerschaftswoche von 15 % des für sie maßgeblichen Regelbedarfs.

ALLEINERZIEHENDE erhalten einen Mehrbedarf in Höhe von 12, 24, 36, 48 oder 60 vH der vollen Regelleistung. Die Höhe des Mehrbedarfs ist abhängig vom Alter und von der Anzahl der Kinder. Bei einem Kind unter sieben Jahren und bei zwei oder drei Kindern unter 16 Jahren beträgt der Mehrbedarf 36 %. Alternativ beträgt er ansonsten aber gemäß § 21 Abs. 3 Nr. 2 aber 12 % für jedes Kind. Der Mehrbedarf ist hierbei der Höhe nach auf 60 % des maßgeblichen Regelbedarfs beschränkt.

Einen Überblick bietet die folgende Tabelle:

Leistungen für einen Mehrbedarf:

VH KINDER	12	24	36	48	60
1 Kind < 7			X		
1 Kind > 7	X				
2 Kinder < 16			X		
2 Kinder > 16		X			
1 Kind > 7 + 1 Kind > 16		X			
3 Kinder			X		
4 Kinder				X	
ab 5 Kinder					X

EXPERTENTIPP ZUM UNABWEISBAREN BESONDEREN BEDARF: Mit dem unabweisbaren besonderen Bedarf werden Versorgungsdefizite abgewendet, um das sozio-kulturelle Existenzminimum zu gewährleisten.

Von Relevanz ist ferner auch der Mehrbedarf wegen eines UNABWEISBAREN UND BESONDEREN BEDARFS (§ 21 Abs. 6 SGB II). Der Mehrbedarf ist unabweisbar, wenn er insbesondere nicht durch Zuwendungen Dritter sowie unter Berücksichtigung von Einsparmöglichkeiten der Leistungsberechtigten gedeckt ist und vom Umfang her erheblich von einem durchschnittlichen Bedarf abweicht. Zudem muss bei einem einmaligen Bedarf die Verweisung auf ein Darlehen des Jobcenter für den Leistungsberechtigten nicht zumutbar sein.

Dieser Mehrbedarf ist zu gewähren, wenn sich die leistungsberechtigte Person in einer atypischen Lebenssituation befindet, die vom Regelbedarf nach § 20 SGB II nicht umfasst wird und auch nicht durch andere Sozialleistungen aufgefangen wird.

Dazu gehören beispielsweise Kosten für benötigte Pflege- und Hygieneartikel (bei HIV-Infektionen oder Hauterkrankungen). Aber auch Kosten, die aufgrund der Ausübung des Umgangsrechts entstehen, gehören sicherlich hierzu. So können in diesem Zusammenhang erhebliche Fahrtkosten entstehen, die vom Regelbedarf nach § 20 SGB II gerade nicht abgedeckt werden. Aber auch die Reparaturkosten für ein dringend benötigtes Fahrzeug fallen hierunter. Soweit Schulen, die für den Unterricht benötigten digitalen Endgeräte, wie TABLETS, nicht zur Verfügung stellen, besteht für die Schülerinnen und Schüler auch ein entsprechender unabweislicher Bedarf, der nach Ansicht einiger Gerichte durchaus über die Anwendung des § 21 Abs. 6 SGB II abgedeckt werden muss.

Auch die Anschaffung von LANGLEBIGEN GEBRAUCHSGÜTERN, wie zB eine Waschmaschine, könnte unter den Härtefallmehrbedarf fallen. Denn wenn das bislang vorhandene Gerät irreparabel defekt ist, kann die Wiederbeschaffung wegen der hohen Kosten nicht aus dem Regelbedarf durch Einsparungen mitfinanziert werden. Der dafür vorgesehene Anteil im Regelbedarf dürfte dies nicht möglich machen. Daher wird in der Rechtsprechung auch nachvollziehbar die Ansicht vertreten, dass die Ersatzbeschaffung größerer Haushaltsgeräte (Waschmaschine) vom Regelbedarf nicht vollständig erfasst wird und der Leistungsberechtigte folglich auch nicht auf die Inanspruchnahme eines Darlehens verwiesen werden darf. Denn das Darlehen nach § 24 Abs. 1 SGB II bezieht sich aber gerade auf Leistungen, die vom Regelbedarf auch (vollständig) abgedeckt werden.

III. Leistungen für Unterkunft und Heizung, § 22 SGB II

1. Was gehört zu den Unterkunftskosten?
Die Leistungen für Unterkunft und Heizung sind in § 22 SGB II geregelt. Neben der Miete sind ferner weitere Nebenkosten zu übernehmen, wie zB:

- Umlage für einen Hausmeister,
- Gemeinschaftsbeleuchtung,
- Straßenreinigung,
- auf die Miete umgelegte Grundsteuern,
- auf die Miete umgelegte Gebäudeversicherung.

Die der allgemeinen Haushaltsführung zuzurechnenden Lebenshaltungskosten sind dagegen über die Regelbedarfe abgegolten. Die monatlichen Kosten für Gas zum Kochen oder Strom gehören nicht zu den zusätzlich zu übernehmenden Nebenkosten, da es sich hierbei um zur Haushaltsführung gehörende Lebenshaltungskosten beziehungsweise Energiekosten handelt, die von den Regelbedarfen (Regelsätzen) bereits erfasst werden.

EXPERTENTIPP ZU DEN ENERGIEKOSTEN: Haushaltsenergie gehört nicht zu den Unterkunftskosten, sondern ist durch den Regelbedarf pauschal mit abgegolten.

Demgegenüber werden die neben der Miete geschuldeten Kosten, die der Mieter vertraglich zu tragen hat. Soweit vermieterseits im Einzelfall keine zentrale Warmwasserversorgung im Mietobjekt vorgehalten wird, der Mieter also auf eine dezentrale Warmwasserversorgung in der eigenen Wohnung (etwa durch Gas- und/oder Elektroboiler) angewiesen ist, steht dem Mieter ein zusätzlicher Mehrbedarf nach § 20 Abs. 7 SGB II für die durch die dezentrale Warmwasserversorgung entstehenden Mehrkosten zu.

Bei einem selbst genutzten angemessenen Hausgrundstück sind die Zinszahlungen des Leistungsempfängers als Kosten für die Unterkunft (also quasi als Mietersatzkosten) zu werten, sofern die Höhe der Zinszahlungen die im Einzelfall angemessenen Kosten für die Unterkunft nicht übersteigt. Tilgungsleistungen, die im Zusammenhang mit einem Hauskredit ebenfalls erbracht werden müssen, können in der Regel bei der Berechnung der Höhe der übernahmefähigen Unterkunftskosten grundsätzlich nicht berücksichtigt werden. Allerdings könnten diese ausnahmsweise dann temporär übernommen werden, wenn ansonsten der Verlust des Wohnraumes droht. Jedoch gehören zu den Unterkunftskosten auch die notwendigen Aufwendungen für die Instandhaltung und Reparatur eines selbstbewohnten Eigenheims/Eigentumswohnung.

2. Angemessenheit

Während der Regelbedarf nach § 20 SGB II eine pauschale Leistung darstellt, werden hinsichtlich der Bedarfe für Unterkunft und Heizung die tatsächlichen Bedarfe anerkannt, soweit sie angemessen sind.

Bei der Frage der Angemessenheit geht es darum, ob die geltend gemachten Kosten für Unterkunft und Heizung letztlich ortsüblich sind. Als Orientierung dient hierzu in erster Linie der MIETSPIEGEL. Ferner kann auch die zu § 12 des Wohngeldgesetzes erlassene Tabelle für „Höchstbeträge für Miete und Belastung" (siehe unten) herangezogen werden. Jedoch haben auch die Sozialleistungsträger die Verpflichtung, eigenständige Recherchen hinsichtlich der ortsüblichen Mieten durchzuführen.

Beim Bürgergeld gilt aber zunächst eine EINJÄHRIGE KARENZZEIT. Innerhalb der Karenzzeit werden vom Jobcenter die tatsächlichen Kosten zunächst ohne eine vorherige Angemessenheitsprüfung übernommen. Damit bleibt für die Betroffenen ihr Status Quo in der Lebensführung gewahrt. Dies schafft erst einmal eine Entlastung, da neben der Arbeitsplatzsuche nicht noch Maßnahmen zur Kostensenkung durchgeführt werden müssen.

Die einjährige Karenzzeit gilt auch, wenn ein Mitglied der Bedarfs- oder Haushaltsgemeinschaft verstirbt und die Wohnung zu groß geworden ist. Außerhalb der Karenzzeit wird eine Angemessenheitsprüfung durchgeführt. Allerdings sind unangemessene Bedarfe so lange anzuerkennen, wie es nicht möglich oder zumutbar ist, die Aufwendungen zu senken (Umzug, Untervermietung). Hierfür sieht das Gesetz einen Zeitraum von in der Regel sechs Monaten vor. Das Jobcenter hat daher die Leistungsberechtigten aufzufordern, die unstreitig unangemessenen Kosten entsprechend zu senken. Eine Kostensenkung durch Umzug setzt das Vorhandensein günstigerer Alternativen am Wohnort voraus. Auch erscheint es fraglich, ob eine Familie mit mehreren kleinen Kindern ein Verlassen des konkreten Lebensumfeldes immer zugemutet werden darf.

Zentral für die Übernahme der Unterkunfts- und Heizungskosten ist das Kriterium der ANGEMESSENHEIT, welches vielfach Gegenstand von Prozessen vor den Sozialgerichten geworden ist. Die Angemessenheitsprüfung durch das Jobcenter ist vollständig gerichtlich überprüfbar. Nach dem Bundessozialgericht ist die Angemessenheit der Miete gegeben, wenn das Produkt aus Wohnungsgröße in qm und dem Preis je qm in seiner Gesamtheit als angemessen angesehen werden kann.

EXPERTENTIPP ZU DEN KRITERIEN DER ANGEMESSENHEIT:
Die Angemessenheit der Unterkunftskosten richtet sich nach der Wohnungsgröße, der Anzahl der Bewohner und nach dem zu zahlenden Mietzins je Qm.

WOHNUNGSGRÖSSE
Von Bedeutung ist zunächst die Wohnflächenbestimmung für eine Person. Hierbei wird auf die Richtwerte im sozialen Wohnungsbau zurückgegriffen. Als Mindeststandard werden daher im Regelfall folgende Wohnungsgrößen akzeptiert:

- Für einen Alleinstehenden 45–50 qm,
- für einen Haushalt mit zwei Familienmitgliedern: zwei Wohnräume oder 60 qm Wohnfläche,
- für einen Haushalt mit drei Familienmitgliedern: drei Wohnräume oder 75 qm Wohnfläche,
- für einen Haushalt mit vier Familienmitgliedern: vier Wohnräume oder 90 qm Wohnfläche.

Für jeden weiteren zum Familienhaushalt zählenden Angehörigen erhöht sich die Wohnfläche um einen Raum oder 15 qm Wohnfläche.

Bei Menschen mit Erkrankungen oder Menschen mit Behinderungen kann aufgrund der Lebenssituation ein größerer Wohnraumbedarf (zB für eine Betreuungsperson) bestehen, der ebenfalls als angemessen anzusehen wäre. Entsprechendes gilt, wenn temporär wegen der Ausübung des Umgangsrechts ein Kind bei einem Elternteil wohnt.

ANGEMESSENER QM-PREIS

Als nächstes ist dann ein angemessener Preis je qm zu bestimmen. Da das Bürgergeld eine Existenzsicherung bezweckt, dienen als Orientierungsmaßstab Wohnungen, die nach der Ausstattung und Bausubstanz einfachen und basalen Anforderungen genügen. Es handelt sich um einen Wohnungsstandard im unteren Mietenniveau, den sich Menschen mit einem geringeren Einkommen – vergleichbar dem Bürgergeld- typischerweise finanziell leisten können. Um hier einen zutreffenden Wert festzulegen, hat das Jobcenter sorgfältige Ermittlungen anzustellen. Grundlagen hierfür sind ein qualifizierter Mietspiegel oder der Bezug auf eine vorhandene Mietdatenbank (§ 558e BGB). Soweit beides nicht vorliegt, ist der Leistungsträger zur Erhebung eigener Daten verpflichtet, die als Grundlage für die Angemessenheitsbewertung dienen. Die Sozialgerichte überprüfen genau, ob die gesammelten Daten zutreffend und auch nachvollziehbar erhoben worden sind. Unter Umständen greifen die Gerichte, mangels anderer Erkenntnismöglichkeiten, bei einer Entscheidung auf die Tabelle zu § 12 WGG zurück. Dabei kann ein Sicherheitszuschlag von 10 % durchgeführt werden.

Zu § 12 WohnGG für Wohnraum:

Anzahl der zu berücksichtigenden Haushaltsmitglieder	Mietenstufe	Höchstbetrag in EUR
1	I	347
	II	392
	II	438
	IV	491
	V	540
	VI	591
	VII	651

Anzahl der zu berücksichtigenden Haushaltsmitglieder	Mietenstufe	Höchstbetrag in EUR
2	I II II IV V VI VII	420 474 530 595 654 716 788
3	I II II IV V VI VII	501 564 631 708 778 853 937
4	I II II IV V VI VII	584 659 736 825 909 995 1095
5	I II II IV V VI VII	667 752 841 944 1038 1137 1251
Mehrbetrag für jedes weitere zu berücksichtigende Haushaltsmitglied	I II II IV V VI VII	79 90 102 114 124 143 157

Nachdem nun die angemessenen Unterkunftskosten festgestellt wurden, ist als Letztes zu prüfen, ob der Leistungsberechtigte im Einzelfall auch konkret die Möglichkeit hat, zu diesen Bedingungen eine Wohnung anzumieten. In der Regel wird davon auszugehen sein, dass zu den Mieten auf Basis eines qualifizierten Mietspiegels auch entsprechende Angebote auf dem Markt zu finden sind.

Ein Nachweis kann auch durch Auswertung aktueller Mietangebote geführt werden. Wenn aber tatsächlich keine konkrete alternative Möglichkeit zur Anmietung besteht, hat das Jobcenter die tatsächlichen Mietkosten, auch wenn diese unangemessen sind, zunächst zu übernehmen. (vgl. § 22 Abs. 1 S. 7 SGB II). Werden mögliche und zumutbare Optionen durch eine Kostensenkung nicht genutzt, wird die Miete bis zur Höhe der Angemessenheit übernommen. Den darüberhinausgehenden Teil muss die leistungsberechtigte Person selbst tragen.

EXPERTENTIPP ZUM UMZUG: Damit das Jobcenter eine verbindliche Übernahme der Unterkunftskosten für eine neue Wohnung zusichern kann, muss ein konkretes Mietangebot vorgelegt werden, aus dem die Kosten ableitbar sind. Zuständig für die Zusicherung ist das Jobcenter am Ort der neuen Unterkunft.

Neben der Miete sind auch die angemessenen Heizkosten durch den Leistungsträger zu übernehmen. Hier kann eine Orientierung an den bundesweiten Heizspiegel erfolgen. Dieser gibt Auskunft wieviel Heizenergie bei bestimmten Gebäudetypen verbraucht wird. Anschließend kann eine Aussage getroffen werden, ob die leistungsberechtigte Person einen vergleichbaren Verbrauch hat. Dann kann von einer Angemessenheit ausgegangen werden. Ein Überschreiten der Werte im Heizspiegel ist ein Indiz für die Unangemessenheit, Jedoch kann sich aufgrund der konkreten Situation (besonders schlechte Dämmung, defekte Fenster, hoher Neukundentarif) trotz dieser Abweichung dennoch eine Angemessenheit zu bejahen sein. Soweit die Heizkosten unangemessen sind, ist die leistungsberechtigte Person zur Kostensenkung aufzufordern. Hier wäre es sinnvoll, auf einen Energieberater empfehlend hinzuweisen, der mit dem Leistungsberechtigten Einsparpotentiale ermittelt und das Heizverhalten reflektiert. Werden aber dennoch weiterhin unangemessene Kosten verursacht, werden diese in der künftigen Heizperiode nur im angemessenen Umfang übernommen.

WOHNUNGSWECHSEL

Vor Abschluss eines Vertrages über eine neue Unterkunft soll der Leistungsberechtigte die Zusicherung des nunmehr zuständigen Trägers einholen. Der Träger ist zur Zusicherung der Übernahme der Unterkunftskosten nur verpflichtet, wenn die Aufwendungen für die neue Unterkunft angemessen sind, § 22 Abs. 4 SGB II. Die Zusicherung ist ein Verwaltungsakt, der eine verbindliche Kostenübernahmeerklärung zum Inhalt hat.

3. Übernahme der Kosten bei Anmietung einer neuen Wohnung

Auch die WOHNUNGSBESCHAFFUNGSKOSTEN und UMZUGSKOSTEN gehören zum notwendigen Lebensunterhalt (§ 22 Abs. 6 SGB II) und können daher vom Jobcenter übernommen werden. Wichtig ist aber das Vorliegen einer vorherigen Zusicherung der Kostenübernahme. Das Jobcenter hat hierbei aber einen Ermessensspielraum. Eine Zusicherung soll jedoch erteilt werden, wenn der Leistungsträger den Umzug selbst veranlasst hat oder wenn der Umzug aus anderen Gründen notwendig ist und wenn ohne die Kostenübernahme eine Unterkunft in einem angemessenen Zeitraum nicht gefunden werden kann (§ 22 Abs. 6 S. 2 SGB II). Ein Umzug wäre beispielsweise erforderlich, wenn eine Eigenbedarfskündigung seitens des Vermieters ausgesprochen wurde oder ein erhöhter Wohnraumbedarf wegen der Geburt eines Kindes besteht.

EXPERTENTIPP ZUR KOSTENÜBERNAHME BEI EINER NEUANMIETUNG: Das Jobcenter kann Umzugskosten, Maklergebühren oder die Mietkaution bzw. die Aufwendungen für den Erwerb von Genossenschaftsanteilen übernehmen. Dies setzt aber eine vorherige Zusicherung voraus.

Zu den Wohnungsbeschaffungskosten gehören Maklergebühren, die Mietkautionen oder Aufwendungen für den Erwerb von Genossenschaftsanteilen sowie Mietvorauszahlungen. Die Aufwendungen für eine Mietkaution und für Genossenschaftsanteile werden in der Regel auf Darlehensbasis übernommen.

Darüber hinaus können in besonders gelagerten Einzelfällen auch doppelte Mietbelastungen (der Leistungsberechtigte zahlt in einem Monat die Miete für die alte und sogleich die Miete für die neue Wohnung) als Bedarf anerkannt werden. Erforderlich ist auch hier, dass die gleichzeitige Anmietung der alten und der neuen Wohnung aus triftigen Gründen erforderlich ist (etwa, weil Ersatzwohnraum nachweislich nur durch vorzeitige Anmietung der neuen Mietwohnung gefunden werden konnte oder deshalb, weil der Sozialleistungsberechtigte auf Grund mietvertraglicher Renovierungspflichten die alte Wohnung bei Auszug noch renovieren musste).

Wichtig ist, dass das Jobcenter der Kostenübernahme zugestimmt und eine entsprechende Zusicherung erteilt hat, bevor die Kosten angefallen sind. Eine nachträgliche Erstattung ist folglich ausgeschlossen.

4. Leistungen für Unterkunft und Heizung an den Vermieter (§ 22 Abs. 7 SGB II)

Üblicherweise sind die Leistungen für Unterkunft und Heizung an den Leistungsberechtigten zu zahlen. Auf Antrag des Leistungsberechtigten kann der für die Unterkunft und Heizung zu zahlende Betrag aber auch an den Vermieter oder andere Empfangsberechtigte direkt überwiesen werden. Auch ohne einen derartigen Antrag des Leistungsberechtigten sollen die für die Kosten der Unterkunft und Heizung bestimmten Beträge direkt an den Vermieter gezahlt werden, wenn die zweckentsprechende Verwendung der zu zahlenden Summen durch die leistungsberechtigte Person nicht sichergestellt ist.

Dies ist nach § 22 Abs. 7 SGB II insbesondere dann der Fall, wenn

- Mietrückstände bestehen, die zu einer außerordentlichen Kündigung des Mietverhältnisses berechtigen, oder
- Energiekostenrückstände bestehen, die zu einer Unterbrechung der Energieversorgung berechtigen, oder
- konkrete Anhaltspunkte für ein krankheits- oder suchtbedingtes Unvermögen der leistungsberechtigten Person bestehen, die Mittel zweckentsprechend zu verwenden, oder
- wenn konkrete Anhaltspunkte dafür sprechen, dass die im Schuldnerverzeichnis eingetragene leistungsberechtigte Person die Mittel nicht zweckentsprechend verwendet.

Durch die Direktzahlung des jeweiligen Trägers an den Vermieter soll sichergestellt werden, dass der Leistungsberechtigte nicht durch Mietrückstände oder andere Zahlungsrückstände seine Unterkunft verliert, weil dies unter Umständen Folgekosten für die öffentliche Hand nach sich ziehen könnte.

EXPERTENTIPP ZUR ÜBERNAHME VON MIETSCHULDEN:
Zur Sicherung der Wohnung können auch Mietschulden als Darlehen übernommen werden. Die leistungsberechtigte Person tilgt das Darlehen in der Regel in monatlichen Raten. Jedoch ist das eigene Vermögen zunächst vorrangig zur Begleichung aufgelaufener Mietrückstände einzusetzen.

5. Mietschulden (§ 22 Abs. 8 SGB II)

MIETSCHULDEN (einschließlich rückständiger Kosten für die Heizung) können in Ausnahmefällen übernommen werden, soweit dies zur Sicherung der Unterkunft oder zur Behebung einer vergleichbaren Notlage gerechtfertigt ist. Hierbei handelt es sich um eine Ermessensentscheidung. Das Jobcenter hat also einen gewissen Handlungsspielraum. Sie sollen übernommen werden, wenn dies gerechtfertigt und notwendig ist und sonst Wohnungslosigkeit einzutreten droht.

Dadurch dass die Amtsgerichte die örtlichen Leistungsträger über Räumungsklagen informieren, können diese durch die Übernahme der rückständigen Mietkosten ein Räumungsurteil abwenden. Soweit Mietschulden übernommen werden, sollen etwaige Geldleistungen in der Regel als Darlehn erbracht werden, das heißt, ein verlorener Zuschuss (Beihilfe) kommt in diesen Fällen nur ausnahmsweise in Betracht.

6. Wichtige Sonderregelung für Kinder unter 25 Jahren
Für Personen, die das 25. Lebensjahr noch nicht vollendet haben, werden die Leistungen für Unterkunft und Heizung nach einem Umzug nur erbracht, wenn der Träger dies vor Abschluss des Vertrages über die Unterkunft zugesichert hat. Der Träger ist zur Zusicherung verpflichtet, wenn

- der Betroffene aus schwerwiegenden sozialen Gründen nicht auf die Wohnung der Eltern oder eines Elternteils verwiesen werden kann,
- der Bezug der Unterkunft zur Eingliederung in den Arbeitsmarkt erforderlich ist oder
- ein sonstiger, ähnlich schwerwiegender Grund vorliegt.

Sinnvoll ist, wenn der Leistungsträger bei der Prüfung, ob die Zusicherung gegeben werden soll, die örtlichen Träger der öffentlichen Jugendhilfe einbindet. Deren Sachkompetenz kann bei der Entscheidung, ob die Voraussetzungen einer Zusicherung nach § 22 Abs. 5 SGB II im konkreten Einzelfall vorliegen, genutzt werden.

Schwerwiegende soziale Gründe können vorliegen, wenn im Zeitpunkt der Antragstellung:

- ☐ eine schwere Störung der Eltern-Kind-Beziehung besteht, so dass das Zusammenleben von Eltern und Kindern aus physischen und/oder psychischen Gründen nicht mehr zumutbar ist,
- ☐ ohne den Umzug des jungen Erwachsenen eine Gefahr für das körperliche, geistige oder seelische Wohl besteht,
- ☐ die Person unter 25 Jahren eine eigene Familie hat oder
- ☐ eine neue Unterkunft – außerhalb der elterlichen Wohnung – zur Eingliederung in den Arbeitsmarkt erforderlich ist. Das ist dann der Fall, wenn die elterliche Wohnung nicht mehr in einer zumutbaren Entfernung zu der Arbeitsstelle der unter 25-jährigen Person liegt.

Ein sonstiger ÄHNLICH SCHWERWIEGENDER GRUND liegt insbesondere dann vor, wenn

- ☐ eine unter 25-jährige Person schwanger ist und im Hinblick auf die Geburt des eigenen Kindes einen eigenen Hausstand gründen will,
- ☐ der unter 25-jährige Kindsvater mit der Schwangeren zusammenziehen will, um mit dieser eine eigene Familie zu gründen.

Bei der Frage, ob ein schwerwiegender sozialer Grund oder ein sonstiger ähnlich schwerwiegender Grund vorliegt, handelt es sich stets um eine Einzelfallentscheidung, so dass über die vorstehenden Gründe hinaus auch noch andere schwerwiegende Gründe potenziell denkbar sind.

EXPERTENTIPP ZU DEN KONSEQUENZEN EINER FEHLENDEN ZUSICHERUNG: Ohne die erforderliche Zustimmung werden keine Unterkunftskosten übernommen und lediglich der Regelbedarf der Stufe 3 erbracht.

Ausnahmsweise kann auf das Erfordernis der vorherigen Zustimmung durch den Träger verzichtet werden, wenn es dem Betroffenen aus wichtigem Grund nicht zumutbar war, die Zusicherung VORHER einzuholen. Die Leistungen für die Unterkunft und Heizung werden Personen, die das 25. Lebensjahr noch nicht vollendet haben, auch dann nicht erbracht, wenn diese bereits vor Beantragung von Leistungen in eine Unterkunft in der Absicht umgezogen sind, die Voraussetzungen für die Gewährung dieser Leistungen herbeizuführen.

7. Die Feststellung der Hilfebedürftigkeit
Abschließend werden nachfolgend die einzelnen Schritte bei der Feststellung der Hilfebedürftigkeit und des Umfangs des Bürgergeldes anhand eines konkreten Beispiels näher dargestellt.

Berechnung von Leistungen bei einer Bedarfsgemeinschaft:
Patrick Ebelling (35 Jahre) lebt zusammen mit seiner langjährigen Freundin Christiane Windmeier (34 Jahre) in Rheine. Zweimal in der Woche geht er einer kleinen Nebentätigkeit nach, bei der er 450 EUR Brutto gleich Netto verdient. Er bewohnt mit seiner Freundin zusammen eine 65 qm große Neubauwohnung (Fertigstellung 1998), die monatlich 600 EUR kostet. Dies entspricht der ortüblichen Miete. Ferner fallen 150 EUR für die Heizung an.

Zunächst muss das Bürgergeld errechnet werden:

Bedarf

Regelleistung Patrick 90 % (§ 20 Abs. 4 SGB II)	506 EUR
Regelleistung Christiane 90 % (§ 20 Abs. 4 SGB II)	506 EUR
Leistung für die Unterkunft (§ 22 Abs. 1 SGB II)	600 EUR
Heizung (§ 22 Abs. 1 SGB II)	150 EUR
= GESAMTBEDARF	1.762 EUR
ABZÜGLICH EINKOMMEN aus Minijob	450 EUR
– Grundfreibetrag (= 100 EUR gem. § 11b Abs. 2 SGB II)	
– Freibetrag für Erwerbstätige gem. § 11b Abs. 3 = 70 EUR	
Summe des vom Einkommen abzuziehenden FREIBETRAGES	170 EUR
= ANRECHENBARES EINKOMMEN INSGESAMT	280 EUR

Berechnung

Bedarf insgesamt:	1.762 EUR
abzüglich anrechenbares Einkommen:	280 EUR
= ANSPRUCH AUF BÜRGERGELD VON	1.482 EUR

Die Kosten der Unterkunft sind angemessen, da sie dem ortsüblichen Niveau entsprechen.

Da Patrick Ebelling und Christiane Windmeier als Partner zusammenleben, sind sie als Bedarfsgemeinschaft im Sinne von § 7 Abs. 3 Nr. 3 lit. c) in Verbindung mit § 7 Abs. 3a Nr. 1 SGB II anzusehen. Aus diesem Grunde findet eine gemeinsame Berechnung statt.

Nach § 12a SGB II besteht die Verpflichtung zur Beantragung von WOHNGELD nur, wenn dadurch die Hilfebedürftigkeit aller Mitglieder der Bedarfsgemeinschaft für mindestens drei Monate beseitigt werden würde. Davon ist im vorliegenden Fall aufgrund des geringen Einkommens aber nicht auszugehen. Soweit aber das Erwerbseinkommen höher ist und das Bürgergeld im geringeren Umfang ergänzend bezogen wird, könnte durch das Wohngeld der Bedarf gedeckt werden, sodass nach § 12a SGB zwingend ein Wohngeldantrag zu stellen ist.

EXPERTENTIPP ZUM WOHNGELD:
Sofern – unter Berücksichtigung von Einkünften – das errechnete Bürgergeld relativ niedrig ausfällt, sollte der jeweilige Leistungsberechtigte sich darüber beraten lassen, ob es für ihn im Einzelfall nicht günstiger sein kann, statt der Leistungen nach dem SGB II Wohngeld beantragen, sofern das Wohngeld im Einzelfall höher ist als die berechnete SGB II-Leistung.

IV. Abweichende Erbringung von Leistungen, § 24 SGB II

Kann im Einzelfall ein von den Regelleistungen umfasster und nach den Umständen UNABWEISBARER BEDARF nicht gedeckt werden, erbringt die Agentur für Arbeit bei entsprechendem Nachweis den Bedarf als Sachleistung oder als Geldleistung und gewährt dem Leistungsberechtigte ein entsprechendes Darlehn. Bei Sachleistungen wird das Darlehn in Höhe des für die Agentur für Arbeit entstehenden Anschaffungswertes gewährt. Das Darlehn wird durch monatliche Aufrechnung (= Verrechnung) in Höhe von bis zu 5 % des jeweils an den Darlehensempfänger zu zahlenden Regelbedarfs getilgt (§ 42a Abs. 2 SGB II).

BEDARF:
Ein Bedarf im Sinne des § 24 Abs. 1 ist dann unabweisbar, wenn er nicht aufschiebbar ist, da er zur Vermeidung einer akuten Notsituation unvermeidlich ist und nicht erwartet werden kann, dass der Leistungsberechtigte diesen Bedarf mit der nächsten Regelleistung ausgleichen kann.

Beispiel für unabweisbare Bedarfe:
Unabweisbare Bedarfe können beispielsweise entstehen durch notwendige Reparaturen, notwendige Anschaffungen (etwa neue Winterkleidung bei heranwachsenden Kindern) oder wenn dem Leistungsberechtigten Geld gestohlen wurde.

EXPERTENTIPP ZUR UMSTELLUNG AUF SACHLEISTUNGEN:
Zur Sicherung des Lebensunterhaltes können ausnahmsweise statt Geldleistungen auch Sachleistungen erbracht werden. Zuvor ist aber der Leistungsberechtigte gemäß § 24 SGB X anzuhören.

1. Unwirtschaftliches Verhalten
Nach § 24 Abs. 2 SGB II können im Einzelfall statt Geldleistungen Sachleistungen gewährt werden, wenn der Leistungsberechtigte insbesondere bei Drogen- oder Alkoholabhängigkeit sowie im Falle unwirtschaftlichen Verhaltens sich als ungeeignet erweist, mit der Regelleistung nach § 20 SGB II seinen Bedarf zu decken. In diesen Fällen können die Regelbedarfe auch als Sachleistungen erbracht werden.

Die Alkohol- und Drogenabhängigkeit muss nicht ärztlich dokumentiert sein. Es ist ausreichend, wenn dem Träger der Mangel der Bedarfsdeckung bekannt wird, weil etwa die Lebensumstände des Leistungsberechtigten darauf schließen lassen, dass dieser sich aufgrund seines Alkohol- und/oder Drogenkonsums als ungeeignet erweist, mit der ausgezahlten Regelleistung wirtschaftlich umzugehen. Ein unwirtschaftliches Verhalten liegt dann vor, wenn die erbrachte Regelleistung nicht verteilt auf den Bedarfszeitraum eingesetzt wird oder die Lebensführung nicht der Höhe der zu beanspruchenden Leistung angemessen ist. Indizien für unwirtschaftliches Verhalten liegen unter anderem vor, wenn der Leistungsberechtigte sich wiederholt an das Jobcenter wegen zusätzlicher Geldleistungen zum Lebensunterhalt wendet.

2. Einmalige Bedarfe
Die ERSTAUSSTATTUNG einer Wohnung mit Möbeln und Haushaltsgeräten, die ERSTAUSSTATTUNG für Bekleidung und bei Schwangerschaft und Geburt sowie Anschaffung und Reparaturen von orthopädischen Schuhen, Reparaturen von therapeutischen Geräten und Ausrüstungen sowie die Miete von therapeutischen Geräten werden zusätzlich zum Regelbedarf erbracht (§ 24 Abs. 3 SGB II).

3. Darlehen in Sonderfällen
§ 24 Abs. 4 SGB II regelt die Möglichkeit, dem Leistungsberechtigten ein DARLEHEN zur Sicherung des Lebensunterhaltes zu gewähren, soweit in dem Monat, für den die Leistungen erbracht werden, voraussichtlich Einnahmen anfallen, der Leistungsberechtigte aber die Einnahmen aber noch nicht erhalten hat.

Beispiel für ein Überbrückungsdarlehen bei Arbeitsaufnahme:
Der Leistungsberechtigte erhält eine neue Arbeitsstelle; das erste Gehalt wird aber erst am Ende des Monats ausgezahlt.

Nach § 24 Abs. 5 SGB II kann ein Darlehn auch in den Fällen gewährt werden, in denen der Leistungsberechtigte aufgrund des vorhandenen Vermögens keine Leistungen erhalten könnte, der sofortige Verbrauch oder die sofortige Verwertung des zu berücksichtigenden Vermögens aber nicht möglich ist oder dies für ihn eine besondere Härte bedeuten würde. Die Leistungen können in diesem Fall davon abhängig gemacht werden, dass der Anspruch auf Rückzahlung dinglich (etwa durch Eintragung von Hypotheken/Grundschulden im Grundbuch) oder in anderer Weise gesichert wird (§ 24 Abs. 5 SGB II).

Beispiel für eine erschwerte sofortige Vermögensverwertung:
Der Leistungsberechtigte ist Eigentümer einer Immobilie, die er nicht selbst bewohnt und die daher als Vermögen zu berücksichtigen ist. Eine Veräußerung benötigt allerdings Zeit und ist in der Regel nicht kurzfristig abzuwickeln.

V. Weitere Leistungen

1. Leistungen bei medizinischer Rehabilitation, § 25 SGB II
Soweit Leistungsberechtigte im Einzelfall dem Grunde nach einem Anspruch auf Verletztengeld aus der gesetzlichen Unfallversicherung haben, sind die Träger der SGB II-Leistungen verpflichtet, die bisherigen Leistungen als Vorschuss auf die Leistungen der gesetzlichen Unfallversicherung weiterzuzahlen.

Sofern die Vorschüsse länger als einen Monat geleistet werden, erhalten die Träger der SGB II-Leistungen von den zur Leistung verpflichteten Rentenversicherungs- oder Unfallversicherungsträgern monatliche Abschlagszahlungen in Höhe der Vorschüsse des jeweils abgelaufenen Monats. Auf diese Weise wird sichergestellt, dass während des laufenden Verfahrens vor dem Träger der gesetzlichen Unfallversicherung der Lebensunterhalt des Leistungsberechtigten sichergestellt ist.

2. Übernahme von Sozialversicherungsbeiträgen
GESETZLICHE KRANKENVERSICHERUNG UND GESETZLICHE PFLEGEVERSICHERUNG: Die Empfänger von Bürgergeld sind nach § 5 Abs. 1 Nr. 2a SGB V in der GESETZLICHEN KRANKENVERSICHERUNG PFLICHTVERSICHERT. Die Mitgliedschaft in der gesetzlichen Krankenversicherung beginnt mit dem Tag, von dem an der Hilfesuchende Bürgergeld tatsächlich bezieht. Bei rückwirkender Zahlung wird auch der Versicherungsschutz rückwirkend gewährt. Der Versicherungsschutz endet an dem letzten Tag, für den Bürgergeld bezogen wird. Die Krankenversicherungsbeiträge für den Bezieher von Bürgergeld werden gemäß § 252 SGB V vom Träger der

Grundsicherung übernommen. Als Mitglieder der gesetzlichen Krankenversicherung erhalten die Bürgergeld-Empfänger grundsätzlich alle Leistungen der Krankenkasse. Ein Anspruch auf Krankengeld besteht aber nicht.

Da die gesetzliche PFLEGEVERSICHERUNG der gesetzlichen Krankenversicherung folgt, gelten die vorstehenden Ausführungen für die Pflegeversicherung entsprechend; das heißt, diejenigen Bezieher von Bürgergeld, die in der gesetzlichen Krankenversicherung pflichtversichert sind, sind automatisch auch Mitglieder der gesetzlichen Pflegeversicherung.

3. Zuschuss zu Beiträgen bei Befreiung von der Versicherungspflicht §26 SGB II

§26 SGB II begründet für Bezieher des Bürgergeldes, die (ausnahmsweise) von der Versicherungspflicht befreit oder Versicherungsnehmer einer privaten Krankenversicherung sind, Ansprüche auf einen Beitragszuschuss, sofern sie gegen die betreffenden Risiken durch eine private Krankenversicherung vorgesorgt haben.

Nach §26 Abs. 4 SGB II übernimmt die Bundesagentur auf Antrag ferner den erforderlichen Umfang der Aufwendungen für die angemessene Kranken- und Pflegeversicherung, soweit Personen ALLEIN DURCH DIESE AUFWENDUNGEN hilfebedürftig würden.

EXPERTENTIPP ZUR PRIVATEN KRANKENVERSICHERUNG: Bei Personen, die privat krankenversichert sind, wird der angepasste Beitrag zur Privaten Krankenversicherung übernommen.

Auf diese Weise wird der Versicherungsschutz bei Privatversicherten gewährleistet, die Bürgergeld erhalten. Diese haben die Möglichkeit zum Abschluss einer Krankenversicherung im sog. Basistarif. Sie erhalten damit die Leistungen, die auch gesetzlich Versicherte haben. Aufgrund ihrer Hilfebedürftigkeit können sie gegenüber dem Versicherungsunternehmen eine Beitragshalbierung erreichen. Dieser Beitrag wird dann vom Leistungsträger der Grundsicherung übernommen.

Beispiel für den Zuschuss zur Privaten Krankenversicherung:
Herr S. war lange Jahre erfolgreich als Freiberufler tätig. Er ist privat krankenversichert. Bezieht er nunmehr Bürgergeld, werden seine angepassten (hälftig reduzierten) Beiträge vom Jobcenter übernommen. Er erhält dann von seiner Privaten Krankenversicherung die Leistungen, die denen der gesetzlichen Krankenversicherung entsprechen.

4. Leistungen für Auszubildende, § 27 SGB II

Die Vorschrift des § 7 Abs. 5 SGB II, wonach Auszubildende an Schulen und Hochschulen, deren Ausbildung dem Grunde nach durch das BAföG förderungsfähig ist, grundsätzlich keinen Anspruch auf Leistungen zur Sicherung des Lebensunterhaltes haben, wird in § 27 SGB II teilweise durchbrochen. Diese Leistungen gelten aber ausdrücklich nicht als Bürgergeld. Damit soll sichergestellt werden, dass die Ausbildung oder das Studium erfolgreich abgeschlossen werden kann, indem NICHT AUSBILDUNGSBEDINGTE BEDARFE übernommen werden.

Auszubildende können nach § 27 Abs. 2 Leistungen in Höhe der Mehrbedarfe

- für werdende Mütter nach § 21 Abs. 2 SGB II,
- für Alleinerziehende nach § 21 Abs. 3 SGB II,
- für die kostenaufwändige Ernährung aus medizinischen Gründen gemäß § 21 Abs. 5 SGB II beziehungsweise
- bei einem besonderen Bedarf

erhalten.

Ferner werden auch Leistungen für die Erstausstattung für Bekleidung sowie bei Schwangerschaft und Geburt nach § 24 Abs. 3 erbracht. Die vorstehenden Mehrbedarfe werden nur dann gewährt, wenn sie nicht durch zu berücksichtigendes Einkommen oder Vermögen gedeckt sind.

EXPERTENTIPP ZUM DARLEHEN FÜR AUSZUBILDENE: Auszubildende und Studierende können bei einer besonderen Härte Leistungen zur Sicherung des Lebensunterhaltes als Darlehen erhalten.

Nach 27 Abs. 3 SGB II können aber auch für ausbildungsbedingte Bedarfe (Lebensunterhalt, Unterkunft) Leistungen als DARLEHEN erbracht werden, wenn der Leistungsausschluss eine BESONDERE HÄRTE bedeuten würde. In Anlehnung an die Rechtsprechung des Bundessozialgerichts (BSG) wird eine besondere Härte angenommen, wenn bei einer Person eine atypische Lebens- und Ausbildungssituation vorliegt. Konkret ist dies zu bejahen, soweit sich jemand unmittelbar am Ende des Studiums befindet und dieses aufgrund des Wegfalls der Finanzierung (etwa durch Tod eines unterhaltsverpflichteten Elternteils, unfreiwilliger Verlust einer Beschäftigung) nicht mehr beenden kann.

Entsprechendes gilt, wenn wegen Krankheit oder Geburt eines Kindes eine finanzielle Notsituation besteht und der Abbruch eines fortgeschrittenen Studiums droht. Ferner wäre eine besondere Härte zu bejahen, soweit die Ausbildung für die betreffende Person bei objektiver Betrachtung die einzige Chance des Zugangs zum Erwerbsleben darstellt.

VI. Bedarfe für Bildung und Teilhabe

Da der Regelbedarf in der Vergangenheit nicht ausreichend war, um die erforderliche TEILHABE AM SOZIALEN UND KULTURELLEN LEBEN in der Gemeinschaft für Kinder, Jugendliche und junge Erwachsene zu gewährleisten, wurden weitere Leistungsansprüche geschaffen. Die Aufwendungen für die in § 28 SGB II geregelten BEDARFE FÜR BILDUNG UND TEILHABE werden daher zusätzlich übernommen.

1. Leistungen

- Übernommen werden die Aufwendungen für Schulausflüge und mehrtägige KLASSENFAHRTEN im Rahmen der schulrechtlichen Bestimmungen. Für Kinder, die eine Kindertageseinrichtung besuchen, gilt dies ebenfalls.
- Für die Ausstattung mit PERSÖNLICHEM SCHULBEDARF bei Schülerinnen und Schülern wird jeweils zum 1. August ein Einmalbetrag von 130 EUR und ein weiterer Betrag von 65 EUR zum 1. Februar eines jeden Jahres gezahlt wird (Stand 2024).
- Es werden für Schülerinnen und Schüler, die für den Besuch der nächstgelegenen Schule auf Schülerbeförderung angewiesen sind, die dafür erforderlichen tatsächlichen Aufwendungen berücksichtigt, soweit sie nicht von Dritten übernommen werden.
- Kostenübernahme der LERNFÖRDERUNG /NACHHILFE, soweit diese erforderlich sind, um die nach den schulrechtlichen Bestimmungen festgelegten wesentlichen Lernziele zu erreichen.
- Leistungsberechtigte bis zur Vollendung des 18. Lebensjahres erhalten monatlich 15 EUR für die TEILHABE AM SOZIALEN UND KULTURELLEN LEBEN (Sportverein, Musikschule etc.)

2. Leistungserbringung

Die Leistungen für Bildung und Teilhabe können, soweit diese nicht bereits durch pauschale Geldbeträge abgegolten werden durch SACH- UND DIENSTLEISTUNGEN, insbesondere in Form von personalisierten Gutscheinen oder Direktzahlungen an die Leistungsanbieter erbracht werden. Dabei dürfen die kommunalen Träger bestimmen, in welcher Form sie die Leistungen erbringen.

Zusammenfassung:
Die Leistungen des Bürgergeldes umfassen im Wesentlichen den Regelbedarf, den Mehrbedarf sowie die Übernahme der angemessenen Kosten für Unterkunft und Heizung. Der Regelbedarf zur Sicherung des Lebensunterhaltes bezieht sich insbesondere auf Ernährung, Kleidung, Hausrat und Haushaltsenergie. Mit dem pauschal erbrachten Regelbedarf müssen die Leistungsberechtigten eigenverantwortlich ihre Kosten abdecken. Der Mehrbedarf ist eine Ergänzung des Regelbedarfs für besondere Lebenssituationen (zB Mehrbedarf für Schwangere, Mehrbedarf für Alleinerziehende). Aber auch wenn im Einzelfall ein unabweisbarer besonderer Bedarf gegeben ist und ein Darlehen nicht zumutbar ist, wird dies als Mehrbedarf anerkannt und eine entsprechende Leistung erbracht (zB Übernahme von Pkw-Reparaturkosten, Abdeckung eines erhöhten Hygienebedarfs oder die Anschaffung eines Tablets für Schulunterricht). Hinsichtlich der Unterkunft und Heizung werden die Kosten nur so weit übernommen, wie sie angemessen sind. Es findet daher eine Einzelfallprüfung statt. Für das erste Jahr nach der Antragstellung (Karenzzeit) werden aber die Unterkunftskosten in der tatsächlichen Höhe berücksichtigt. Die Erstausstattung einer Wohnung, die Erstausstattung mit Bekleidung oder die Erstausstattung bei Schwangerschaft und Geburt werden als weitere Leistung übernommen. Ferner werden auch Leistungen zur Deckung der spezifischen Bedarfe für Bildung und Teilhabe erbracht.

Pflichtverletzungen und Leistungsminderungen

Mit Einführung des Bürgergeldes wurde das Sanktionssystem in wesentlichen Aspekten neu geregelt und entschärft. Zwar wurde auf eine Reaktion in Form von Leistungsreduzierungen bei einem Fehlverhalten nicht verzichtet, jedoch fallen diese weitaus geringer aus als nach der früheren Regelung. Diese hatte das Bundesverfassungsgericht in Teilen als grundgesetzwidrig angesehen, da es zu einem völligen Leistungsausschuss kommen konnte und somit die Sicherung einer menschenwürdigen Existenz nicht mehr gewährleistet war. Auch hatten die leistungsberechtigten Personen kaum eine Möglichkeit, durch ein pflichtgemäßes Handeln die Kürzung des damaligen Arbeitslosengeldes II abzuwenden. Die gegenwärtigen Regelungen haben die Rechtsprechung des Bundesverfassungsgerichts bei der Neugestaltung berücksichtigt.

7. Pflichtverletzungen und Leistungsminderungen

I. Pflichtverletzungen nach § 31 Abs. 1 SGB II

Die Vorschriften über eine Leistungsminderung weisen folgende Struktur auf:

- § 31 SGB II regelt die Pflichtverletzungen
- § 31a SGB II regelt die Rechtfolgen bei Pflichtverletzungen
- § 31b SGB II regelt den Beginn und die Dauer der Minderung
- § 32 SGB II befasst sich mit Meldeversäumnissen.

Nach § 31 Abs. 1 SGB II verletzen erwerbsfähige Leistungsberechtigte ihre Pflichten, wenn sie trotz schriftlicher Belehrung über die Rechtsfolgen oder deren Kenntnis:

- sich weigern, einer Aufforderung gemäß § 15 Abs. 5 oder Abs. 6 SGB II nachzukommen,
- sich weigern, eine zumutbare Arbeit, Ausbildung oder ein nach § 16e gefördertes Arbeitsverhältnis aufzunehmen, fortzuführen oder deren Anbahnung durch ihr Verhalten verhindern oder
- eine zumutbare Maßnahme zur Eingliederung in Arbeit nicht antreten, abbrechen oder Anlass für den Abbruch gegeben haben.

EXPERTENTIPP ZUR MITWIRKUNG:
Die Nichtbefolgung einer Aufforderung zur Mitwirkung ist ein Pflichtverstoß, der zu einer Leistungsminderung führen kann.

Für die Betreuung von erwerbsfähigen Leistungsberechtigten bildet der Kooperationsplan die zentrale Grundlage. Er ist ein Instrument der VERTRAUENSVOLLEN ZUSAMMENARBEIT. Mit der Einigung auf bestimmte Ziele und Schritte der Zielerreichung soll gerade die Motivation der Arbeitsuchenden gestärkt werden. Aus diesem Grund entfaltet der Kooperationsplan keine unmittelbare rechtliche Verpflichtung.

Folgerichtig ist die Nichteinhaltung der Vereinbarungen in § 31 SGB II auch nicht als Pflichtverletzung normiert. Hingegen ist es eine Pflichtverletzung, wenn einer Aufforderung nach § 15 Abs. 5 bzw. Abs. 6 nicht nachgekommen wird. Das Jobcenter hat regelmäßig zu überprüfen, ob die im Kooperationsplan enthaltenen Absprachen eingehalten werden. Ist das nicht der Fall, erfolgt eine Aufforderung zur Durchführung von Mitwirkungshandlungen. Damit erhält der Kooperationsplan mittelbar doch eine rechtliche Verbindlichkeit.

Beispiele für eine Aufforderung nach § 15 Abs. 5 SGB II:
Ist im Kooperationsplan die Teilnahme an einem Bewerbungstraining vereinbart und nimmt die leistungsberechtigte Person bislang trotz Vorschläge seitens des Jobcenters daran nicht teil, kann sie hierzu nach § 15 Abs. 5 SGB II aufgefordert werden, indem ein konkretes Angebot zum Bewerbertraining angeführt und zur Teilnahme aufgefordert wird. Dies ist mit einer Rechtsfolgenbelehrung (Leistungsminderung!) zu verbinden. Sie wird auf diese Weise darüber informiert, was von ihr erwartet wird und welche Konsequenzen eine Verweigerung hat. Kommt sie der Aufforderung nicht nach, liegt eine Pflichtverletzung nach § 31 Abs 1 S. 1 Nr. 1 SGB II vor.

Der Kooperationsplan sieht vor, dass die leistungsberechtigte Person fünf Bewerbungen im Monat durchführt. Zugleich sollen die Bewerbungsschreiben an das Jobcenter in Kopie übermittelt werden. Stellt das Jobcenter fest, dass in den letzten drei Monaten keine Bewerbungen geschrieben worden sind, kann es hierzu nach § 15 Abs. 5 SGB II die leistungsberechtigte Person in Verbindung mit einer Rechtsfolgenbelehrung auffordern. Setzt sie ihr Verhalten fort, liegt eine Pflichtverletzung nach § 31 Abs 1 S. 1 Nr. 1 SGB II vor.

Ferner können im Kooperationsplan auch weitere Strategien für die Begründung eines Arbeitsverhältnisses geregelt werden.

Wenn kein Kooperationsplan besteht oder ein Kooperationsplan nicht fortgeschrieben wurde, erfolgt ebenfalls eine Aufforderung zu erforderlichen Mitwirkungshandlungen, die mit einer Rechtsfolgenbelehrung versehen ist. Solange aber das Schlichtungsverfahren nach § 15a SGB II läuft, sind Leistungsminderungen bei Pflichtverletzungen ausgeschlossen.

EXPERTENTIPP ZUR INHALTLICHEN GESTALTUNG DES KOOPERATIONSPLANS:
Um das Risiko von Pflichtverletzungen zu reduzieren, müssen die Verpflichtungen und Erwartungen möglichst konkret im Kooperationsplan vereinbart werden.

Wird in einem Kooperationsplan die Teilnahme an Eingliederungsmaßnahmen ohne weitere Konkretisierung vereinbart, hätte das Jobcenter einen weiten Spielraum bei der Auswahl von Maßnahmen, zu denen es nach § 15 Abs. 5 SGB II auffordern kann. Ist es für die leistungsberechtigte Person von vornherein klar, welche Maßnahmen überhaupt nicht in Betracht kommen, sollte dies auch im Plan vermerkt werden. Dadurch wird eine Bindung des Jobcenters erreicht, weil es bei einer Aufforderung nach § 15 Abs. 5 SGB nicht gegen den im Kooperationsplan enthaltenen Konsens verstoßen darf.

Das Nichtbefolgen einer Aufforderung nach § 15 Abs. 5 SGB II kann aber nur als Pflichtverletzung gelten, wenn der Inhalt der Aufforderung selbst rechtmäßig ist. Zu beachten ist der Grundsatz der Verhältnismäßigkeit. Dieser wäre verletzt, wenn etwas vorgegeben wird, was die betreffende Person überfordert. Das ist der Fall bei einer Aufforderung jeden Monat mindestens 30 Bewerbungen zu schreiben und diese dem Jobcenter gegenüber nachzuweisen. Eine derartige Aufforderung ist rechtswidrig und deren Nichtbeachtung stellt keine Pflichtverletzung dar.

EXPERTENTIPP ZUR PFLICHTVERLETZUNG:
Eine Pflichtverletzung liegt nur vor, wenn das geforderte Verhalten für die leistungsberechtigte Person auch zumutbar ist.

Eine PFLICHTVERLETZUNG ist auch die Weigerung, eine ZUMUTBARE ARBEIT, AUSBILDUNG oder ein NACH § 16E GEFÖRDERTES ARBEITSVERHÄLTNIS aufzunehmen, fortzuführen oder deren Anbahnung zu verhindern. Ein wichtiges Kriterium ist die ZUMUTBARKEIT. Wenn diese nicht gegeben ist, dann stellt die Weigerung keine Pflichtverletzung dar. Eine Orientierung findet sich in § 10 SGB II. So kann die Unzumutbarkeit sich aus familiären Verpflichtungen (Versorgung von Kindern, die das dritte Lebensjahr noch nicht vollendet haben, Pflege von Angehörigen) ergeben. Auch gesundheitliche Einschränkungen können eine bestimmte Arbeit oder Ausbildung unzumutbar machen. Ferner begründen eine weit untertarifliche Bezahlung oder die Unterschreitung des Mindestlohnes eine Unzumutbarkeit. Hinsichtlich der Ausbildung und des nach § 16e SGB II geförderten Arbeitsverhältnisses gilt dies ebenfalls.

Auch bei dem Nichtantreten oder Abbruch einer Eingliederungsmaßnahme ist das Kriterium der ZUMUTBARKEIT zu beachten. Das Jobcenter kann Eingliederungsmaßnahmen benennen, die nicht im Kooperationsplan aufgeführt worden sind. Damit für den Leistungsberechtigten deutlich wird, an welcher Maßnahme er teilnehmen soll, muss diese auch konkret hinsichtlich der Ziele und Inhalte beschrieben werden. Nur dann ist eine Prüfung der Zumutbarkeit möglich. Hierbei ist vor allem zu prüfen, ob die Maßnahme tatsächlich für die Eingliederung geeignet ist. Dies ist zu verneinen, wenn die Maßnahme den Teilnehmenden von vornherein überfordert oder aber unterfordert, weil die zu erwerbenden Fähigkeiten bereits vorliegen (zB Einführung in die Textverarbeitung bei einer ausgebildeten IT-Fachkraft)

Im Übrigen kommt eine Pflichtverletzung nach § 31 Abs. 1 S. 2 SGB II auch dann nicht in Betracht, wenn der erwerbsfähige Leistungsberechtigte einen WICHTIGEN GRUND für sein Verhalten nachweisen kann (etwa fehlende Eigenbemühungen wegen Erkrankung).

II. Pflichtverletzungen nach § 31 Abs. 2 SGB II

Nach § 31 Abs. 2 SGB II ist darüber hinaus eine Pflichtverletzung zu bejahen:

- bei einem erwerbsfähigen Leistungsberechtigten, der nach Vollendung des 18. Lebensjahres sein Einkommen oder Vermögen in der Absicht vermindert, die Voraussetzungen für die Gewährung oder Erhöhung des Bürgergeldes herbeizuführen),
- bei einem erwerbsfähigen Leistungsberechtigten, der trotz Belehrung über die Rechtsfolgen sein unwirtschaftliches Verhalten fortsetzt,
- bei einem erwerbsfähigen Leistungsberechtigten, dessen Anspruch auf Arbeitslosengeld ruht oder erloschen ist, weil die Agentur für Arbeit den Eintritt einer Sperrzeit oder das Erlöschen des Anspruchs nach den Vorschriften des SGB III festgestellt hat,
- oder wenn die im SGB III genannten Voraussetzungen für den Eintritt Sperrzeit erfüllt sind, die das Ruhen oder Erlöschen eines Anspruchs auf Arbeitslosengeld begründen (§ 31 Abs. 2 Nr. 4 SGB II).

Zunächst einmal darf jeder Mensch mit seinem Einkommen und Vermögen umgehen wie es den eigenen Vorstellungen entspricht. Es gibt weder eine unmittelbare noch mittelbare Verpflichtung zu einem sparsamen Haushalten. Daher knüpft die Bedürftigkeitsprüfung grundsätzlich nicht an das frühere Verhalten an und es kommt auch nicht auf ein Verschulden hierfür an.

Anders ist es, wenn in der Absicht Bürgergeld zu beziehen, der Beruf aufgegeben oder wenn das Vermögen, welches über dem zu berücksichtigen Vermögen nach § 12 SGB II liegt, verschenkt wird. Hier wird absichtlich eine Hilfebedürftigkeit herbeigeführt, sodass dies als Pflichtverletzung angesehen wird, die zu einer Leistungsminderung führt.

Beispiel für die bewusste Herbeiführung der Hilfebedürftigkeit:
Bei der Überprüfung der Hilfsbedürftigkeit im Antragsverfahren stellt sich heraus, dass der Antragsteller sein gesamtes Guthaben von 60.000 EUR an seine drei Freunde verschenkt hat. Über die sozialen Medien hat er mitgeteilt, dass er jetzt sein Ziel von staatlichen Leistungen zu leben endlich erreicht habe. In diesem Verhalten ist die Verschwendungsabsicht deutlich erkennbar und auch nachweisbar.

Die FORTSETZUNG EINES UNWIRTSCHAFTLICHEN VERHALTES wird als PFLICHTVERLETZUNG angesehen, weil zu erwartende Sparsamkeitsbemühungen in einem deutlichen Ausmaß missachtet werden. Die Unwirtschaftlichkeit ist gegeben, wenn gegen die üblichen gesellschaftlichen Sparsamkeitsvorgaben in sehr krasser Weise verstoßen wird. Erforderlich ist hier eine Rechtsfolgenbelehrung über die Unwirtschaftlichkeit dieses konkreten Verhaltens. Allein auf die Kenntnis der Rechtsfolgen abzustellen dürfte nicht ausreichend sein, denn der Person muss deutlich werden, was eigentlich von ihr erwartet wird bzw. was als unwirtschaftlich angesehen wird.

Beispiel für unwirtschaftliches Verhalten:
Ein unwirtschaftliches Verhalten kann in einem sehr hohen Stromverbrauch oder in dem Vorliegen von erheblichen nicht begründbaren Kommunikationskosten (mehre Verträge mit Netzanbietern) zu sehen sein.

Allerdings stellt sich hier immer die Frage, ob die leistungsberechtigte Person zu einer Verhaltenssteuerung überhaupt in der Lage ist. Das ist eine Voraussetzung für die Annahme einer Pflichtverletzung. Sinnvoll ist es, wenn mit der Rechtsfolgenbelehrung zugleich eine soziale BERATUNG und BEGLEITUNG angeboten wird. Dies hätte sicherlich einen nachhaltigeren Einfluss auf das künftige wirtschaftliche Verhalten als eine Beeinflussung über Leistungsminderungen.

Auch die Verhängung einer SPERRFRIST durch die Agentur für Arbeit und der damit verbundene Wegfall des Arbeitslosengeldes I entfaltet ebenfalls Wirkungen für den Bürgergeldbezug. Das Ruhen oder Erlöschen des Anspruchs auf Arbeitslosengeld wird als Pflichtverletzung erfasst. Das Jobcenter ist an der Entscheidung der Agentur für Arbeit gebunden und kann keine eigene Bewertung des Sachverhaltes vornehmen.

Die Agentur für Arbeit trifft eine Feststellung zur Sperrzeit nur, wenn die Voraussetzungen für den Bezug des Arbeitslosengeldes ansonsten vorliegen. Wenn dies nicht der Fall ist, weil der Beschäftigte zB nur eine kurze sozialversicherungspflichtige Tätigkeit vorweisen kann und daher von vornherein kein Anspruch auf Arbeitslosengeld besteht, bedarf es auch keiner Feststellung der Sperrzeit.

Dann hat das Jobcenter selbst zu prüfen, ob das Verhalten des Beschäftigten theoretisch sperrzeitrelevant gewesen wäre. Dies stellt gleichermaßen eine Pflichtverletzung dar (§ 31 Abs. 2 Nr. 4 SGB II) und ist mit einer Leistungsminderung nach § 31a Abs. 1 SGB II verbunden.

Damit wird ein versicherungswidriges Verhalten von Arbeitnehmern oder arbeitslosen Personen, wie zB die Kündigung des Arbeitsvertrages oder der Abbruch von Weiterbildungen, als Pflichtverletzung eingestuft, welche gleichermaßen zur Leistungsminderung nach § 31a SGB II führt. Die mit der Sperrzeit verbundene Reduzierung von finanziellen Leistungen kann so nicht durch das Bürgergeld ausgeglichen werden. Damit Personen, bei denen die Agentur für Arbeit mangels eines Anspruchs auf Arbeitslosengeld keine Sperrzeit festgestellt hat, nicht beim Bezug des Bürgergeldes bessergestellt werden, wird ihr versicherungswidriges Verhalten ebenfalls als Pflichtverletzung definiert.

Beispiel für die Folgen der Sperrfrist:
Der Beschäftige hat ohne wichtigen Grund sein Arbeitsverhältnis gekündigt. Er war zuvor über neun Jahre im Betrieb in einem Vollzeitarbeitsverhältnis tätig. Die Agentur für Arbeit stellt deswegen (s. § 159 Abs. 1 Nr 1 SGB III) eine Sperrzeit fest und lehnt den Antrag auf Arbeitslosengeld ab. Diese Feststellung der Agentur für Arbeit ist für das Jobcenter bindend. Es liegt somit eine Pflichtverletzung nach § 31 Abs. 2 Nr. 3 SGB II vor, die auch zu einer Leistungsminderung nach § 31a Abs. 1 SGB II führt.

Hat der Beschäftigte hingegen in den letzten drei Jahren insgesamt nur sechs Monate sozialversicherungspflichtig gearbeitet und kündigt er ohne wichtigen Grund sein Arbeitsverhältnis, erfolgt keine Feststellung einer Sperrzeit. Denn hier sind aufgrund der geringen Beschäftigungszeit die Voraussetzungen für den Bezug des Arbeitslosengeldes von vornherein nicht erfüllt, sodass es keiner Sperrzeitfestsetzung durch die Agentur für Arbeit bedarf. Wenn nachfolgend Leistungen des SGB II beantragt werden, hat das Jobcenter eigenständig zu prüfen, ob hier ein sperrzeitrelevantes Verhalten und damit eine Pflichtverletzung gemäß § 31 Abs. 2 Nr. 4 SGB II gegeben ist.

Die Pflichtverstöße, die in § 31 Abs. 2 Nr. 3 u. 4 SGB II normiert sind, setzen aber immer eine SOZIALVERSICHERUNGSRECHTLICHE BEZIEHUNG zur AGENTUR FÜR ARBEIT voraus.

Hiervon ist auszugehen, wenn ein sozialversicherungspflichtiges Beschäftigungsverhältnis bestand, das vor der Beantragung des Bürgergeldes durch eine Kündigung beendet worden ist. Es besteht zudem, wenn neben dem Bürgergeldbezug eine sozialversicherungspflichtige Beschäftigung ausgeübt wird. Folglich sind die Regelungen in § 31 Abs. 2 Nr. 3 u. 4 SGB II eine speziellere Regelung zu den Pflichtverstößen in § 31 Abs. 1 SGB II.

Beispiel für eine fehlende sozialversicherungsrechtliche Beziehung zur Agentur für Arbeit:
Eine leistungsberechtigte Person im Bürgergeldbezug hat eine zumutbare Eingliederungsmaßnahme nicht angetreten. Allerdings ist eine Rechtfolgenbelehrung nicht erfolgt und die leistungsberechtigte Person hatte von den Rechtsfolgen keine Kenntnis. Daher scheidet eine Pflichtverletzung nach § 31 Abs. 1 SGB II aus. Denn hier ist für die Annahme einer Pflichtverletzung die schriftliche Belehrung über die Rechtsfolgen oder deren Kenntnis unabdingbar erforderlich. Auch mit § 31 Abs. 2 Nr. 4 SGB II kann eine Pflichtverletzung nicht begründet werden, da kein sozialversicherungsrechtliches Verhältnis mit der Agentur für Arbeit bestanden hat.

III. Leistungsminderung bei Pflichtverletzungen

Bei einer Pflichtverletzung nach § 31 mindert sich das Bürgergeld:

- bei der ersten Pflichtverletzung um 10 % des für die erwerbsfähige leistungsberechtigte Person nach § 20 maßgebenden Regelbedarfs
- bei einer weiteren Pflichtverletzung nach § 31 SGB II um 20 % des für die erwerbsfähige leistungsberechtigte Person nach § 20 maßgebenden Regelbedarfs
- bei jeder weiteren Pflichtverletzung nach § 31 SGB II um 30 % des für die erwerbsfähige leistungsberechtigte Person nach § 20 maßgebenden Regelbedarfs.

EXPERTENTIPP ZUR ABWENDUNG VON MINDERUNGEN:
Durch ein kooperatives und pflichtgemäßes Verhalten können Leistungsminderungen vermieden werden.

Eine WEITERE PFLICHTVERLETZUNG liegt nur vor, wenn bereits zuvor eine Minderung festgestellt wurde. Sie liegt nicht vor, wenn der Beginn des vorangegangenen Minderungszeitraums länger als ein Jahr zurückliegt. Sobald erwerbsfähige Leistungsberechtigte ihre Pflichten aber erfüllen oder sich nachträglich ernsthaft und nachhaltig dazu bereiterklären, müssen die Minderungen aufgehoben werden.

Damit die leistungsberechtigte Person bei einer wiederholten Pflichtverletzung in einem Gespräch die Gelegenheit erhält ihr Verhalten zu erklären und die aus ihrer Sicht zugrundeliegende Motivation darzulegen, soll ihre PERSÖNLICHE ANHÖRUNG vor Feststellung der Minderung erfolgen (§ 31a Abs. 2 SGB II). So kann auch in dieser Phase auf ein kooperatives Verhalten hingewirkt und Minderungen vielleicht doch vermieden werden. Um bei jungen Menschen, die das 25. Lebensjahr noch nicht vollendet haben, motivationsfördernd einzuwirken, soll ihnen zeitnah innerhalb von vier Wochen nach Feststellung einer Leistungsminderung ein Beratungsangebot unterbreitet werden (§ 31a Abs. 6 SGB II). Gemeinsam könnten die Inhalte des Kooperationsplanes überprüft und fortgeschrieben werden.

Auch wenn die Neuregelungen zum Bürgergeld stärker auf eine vertrauensvolle und kooperative Zusammenarbeit von Jobcenter und den leistungsberechtigten Personen hinwirken, so wurde dennoch nicht auf das Instrument der Leistungsminderung verzichtet. Allerdings sind im Verhältnis zur früheren Rechtslage die Leistungsminderungen in einem wesentlich geringeren Ausmaß möglich. Dazu trägt die Deckelung der Minderungen auf maximal 30 % des relevanten Regelbedarfs entscheidend bei. Die Kosten für Unterkunft und Heizung werden also nicht beeinträchtigt. Auch wird eine Leistungsminderung nicht durchgeführt, wenn sie eine AUSSERGEWÖHNLICHE HÄRTE darstellt. Denkbar ist dies, wenn die Leistungsminderung eine Familie mit jüngeren Kindern trifft, die in Mitleidenschaft gezogen werden.

IV. Beginn und Dauer der Leistungsminderung

Hat das Jobcenter einen Bescheid zur Leistungsminderung erlassen, beginnt im Folgemonat die Minderung. In den Fällen des § 31 Abs. 2 Nr. 3 SGB II tritt die Minderung ein, sobald die Agentur für Arbeit eine Sperrzeit verhängt hat oder das Erlöschen des Anspruchs auf Arbeitslosengeld nach den Vorschriften des SGB III festgestellt ist.

Der Minderungszeitraum beträgt nach § 31b Abs. 2 S. 1 SGB II für die erste Pflichtverletzung EINEN MONAT, für die weitere Pflichtverletzung ZWEI MONATE und schließlich für jede weitere Pflichtverletzung DREI MONATE.

Erfüllt der erwerbsfähige Leistungsberechtigte innerhalb des Minderungszeitraumes seine Pflichten oder erklärt er sich hierzu ernsthaft und nachhaltig bereit, wird die Minderung aufgehoben. Während der Minderung des Auszahlungsanspruchs besteht kein Anspruch auf ergänzende Hilfe zum Lebensunterhalt nach den Vorschriften des SGB XII.

V. Meldeversäumnisse gem. § 32 SGB II

Wird ein Leistungsberechtigter durch den zuständigen Träger aufgefordert, sich bei ihm zu melden oder zu einem ärztlichen oder psychologischen Untersuchungstermin zu erscheinen und weigert sich der Leistungsberechtigte trotz schriftlicher Belehrung über die Rechtsfolgen oder deren Kenntnis zu erscheinen beziehungsweise an dem Untersuchungstermin teilzunehmen, so mindert sich das Bürgergeld um 10 % des für den Leistungsberechtigten maßgebenden Regelbedarfs.

EXPERTENTIPP ZUR FEHLENDEN ERREICHBARKEIT: Ist der erwerbsfähige Leistungsberechtigte nicht erreichbar im Sinne des § 7b SGB II und liegen die Voraussetzungen des § 7b Abs. 2 SGB II nicht vor (Bestehen eines wichtigen Grundes und die Zustimmung des Jobcenters), entfällt der Anspruch auf Leistungen nach dem SGB II vollständig. Hierbei handelt es sich nicht um eine Leistungsminderung, sondern um einen gesetzlichen Ausschlussgrund.

Die Kürzung darf nicht erfolgen, wenn der Leistungsberechtigte einen wichtigen Grund für sein Verhalten darlegen und nachweisen kann (§ 32 Abs. 1 S. 2 SGB II). Die Leistungskürzung nach § 32 Abs. 1 SGB II kann neben einer Leistungskürzung nach § 31a vorgenommen werden. Die Kürzungen können sich entsprechend kumulieren, dürfen aber die Grenze von 30 % des Regelbedarfs nicht überschreiten (§ 31a Abs. 4 S. 1 SGB II).

Zusammenfassung:
Auch wenn das Gesetz die Intention eines vertrauensvollen und kooperativen Verhältnisses zwischen dem Jobcenter und den Leistungsberechtigten verfolgt, wurden dennoch bestimmte Pflichtverletzungen mit rechtlich negativen Konsequenzen verbunden. Zu den Pflichtverletzungen gehören insbesondere
- die Weigerung einer Aufforderung gemäß § 15 Abs. 5 oder Abs. 6 SGB II nachzukommen,
- die Weigerung eine zumutbare Arbeit, Ausbildung oder ein nach § 16e gefördertes Arbeitsverhältnis aufzunehmen, fortzuführen oder deren Anbahnung zu verhindern oder
- das Nichtantreten oder Abbrechen einer zumutbaren Eingliederungsmaßnahme.

Weitere Pflichtverletzungen sind die vorsätzliche Herbeiführung der Hilfebedürftigkeit, das Fortsetzen eines unwirtschaftlichen Verhaltens oder ein Verhalten, welches zur Verhängung einer Sperrfrist durch die Bundesagentur für Arbeit führt.
Als Folge von Pflichtverletzungen wird der Regelbedarf in mehreren Stufen um bis zu 30 % gekürzt. Die Dauer einer Leistungsminderung beträgt einen Monat. Bei weiteren Pflichtverletzungen beträgt der Minderungszeitraum zunächst zwei Monate und anschließend drei Monate.

Rückforderung von Grundsicherungsleistungen für Arbeitsuchende

Leistungen des Bürgergeldes werden erbracht, wenn die Voraussetzungen des § 7 Abs. 1 SGB II erfüllt sind. Die gewährten Leistungen müssen auch nicht zurückgezahlt werden, es sei denn sie wurden ausdrücklich als Darlehen gewährt. Jedoch kann unter bestimmten Voraussetzungen der Träger der Grundsicherung erbrachte Leistungen zurückfordern. Hierbei handelt es sich um Fälle eines sozialwidrigen Verhaltens oder um Ersatzansprüche bei rechtswidrigerweise erbrachten Leistungen. Ein weiterer Aspekt ist die Frage, unter welchen Voraussetzungen der Träger der Grundsicherung unterhaltsverpflichtete Personen zur Kostentragung für die erbrachten Leistungen heranziehen kann.

8. Rückforderung von Grundsicherungsleistungen für Arbeitsuchende

I. Kostenersatzanspruch bei einem schuldhaften sozialwidrigen Verhalten gem. § 34 SGB II

Nach § 34 SGB II können Personen zum KOSTENERSATZ herangezogen werden, wenn sie durch ein SOZIALWIDRIGES VERHALTEN vorsätzlich oder grob fahrlässig die Voraussetzungen für ihre Hilfebedürftigkeit oder die Hilfebedürftigkeit von Personen, die mit ihnen in Bedarfsgemeinschaft leben ohne wichtigen Grund herbeigeführt haben.

Als Herbeiführung des Leistungsbezugs im Sinne dieser Vorschrift gilt auch ein Erhöhen, Aufrechterhalten und Nichtverringern der Hilfebedürftigkeit.

Als sozialwidriges Verhalten kann das Abbrechen einer Ausbildung oder die Kündigung eines Arbeitsverhältnisses gesehen werden. Von der Geltendmachung des Ersatzanspruches ist abzusehen, soweit dies eine Härte bedeuten würde. Das wäre etwa anzunehmen, wenn jemand einer sehr hohen Zahlungsverpflichtung nachkommen muss oder wenn der Ersatzanspruch auch Leistungen für eine mehrköpfige Bedarfsgemeinschaft umfasst und sich auf einen längeren Zeitraum bezieht.

Beispiel für ein sozialwidriges Verhalten:
Ein Familienvater kündigt ohne triftigen Grund seine bisherige Arbeitsstelle und wird arbeitslos. Die Folge des sozialwidrigen Verhaltens (leichtfertige Aufgabe eines Arbeitsverhältnisses) führt unter Umständen zu rechtmäßiger Gewährung von Grundsicherungsleistungen nach dem SGB II an ihn, seinen Ehepartner und die Kinder. Der Grundsicherungsträger kann deshalb die gewährten Leistungen von dem Familienvater zurückverlangen.

Der Kostenersatzanspruch geht auch auf den Erben über. Er wird auf den Nachlass im Zeitpunkt des Erbfalles begrenzt. Der Ersatzanspruch erlischt nach § 34 Abs. 3 SGB II drei Jahre nach Ablauf des Jahres, für das die Leistung erbracht worden ist.

II. Ersatzansprüche für rechtswidrig erhaltene Leistungen gemäß § 34a SGB II

Wer durch sein vorsätzliches oder grob fahrlässiges Verhalten dafür sorgt, dass ein Dritter rechtswidrig Leistungen des SGB II erhält, ist zum Ersatz dieser erhaltenen Leistungen verpflichtet. Der Ersatzanspruch umfasst auch die geleisteten Beiträge zur Kranken-, Renten- und Pflegeversicherung. Der Ersatzanspruch verjährt in vier Jahren nach Ablauf des Kalenderjahres, in dem der Verwaltungsakt, mit dem die Erstattung nach § 50 SGB X festgesetzt worden ist, unanfechtbar geworden ist. Soweit gegenüber einer rechtswidrig begünstigten Person ein Verwaltungsakt nicht aufgehoben werden kann, beginnt die Frist mit dem Zeitpunkt, ab dem die Behörde Kenntnis von der Rechtswidrigkeit der Leistungserbringung hat.

Beispiel für die Herbeiführung einer rechtswidrigen Leistung:
Herr Treu ist gesetzlicher Vormund der 17-jährigen Petra Tuchmann. Bei der Unterzeichnung des Leistungsantrags für Petra versäumt es Herr Treu, eine Vollwaisenrente als Einkommen anzugeben. Petra erhält daraufhin die Leistungen nach dem SGB II ohne dass ihre Vollwaisenrente als Einkommen mindernd berücksichtigt worden wäre. Da das Verhalten von Herrn Treu mindestens grob fahrlässig ist, kann ihn die Behörde auf Ersatz der von Petra rechtswidrig erhaltenen Leistungen in Anspruch nehmen. Daneben könnte die Behörde selbstverständlich auch Petra auf Erstattung von zu Unrecht erbrachten Leistungen nach den §§ 45, 50 SGB X in Anspruch nehmen.

III. Erstattung von zu Unrecht erbrachten Leistungen, §§ 45, 50 SGB X

Die Erstattung von zu Unrecht erbrachten Leistungen durch den Leistungsberechtigten ist vorrangig in den §§ 45, 50 SGB X geregelt.

Während es sich vorstehend auch um Tatbestände handelt, in denen das Jobcenter rechtmäßig Leistungen der Grundsicherung gewährt, gibt es noch die Fälle, in denen das Jobcenter FÄLSCHLICHERWEISE ganz oder teilweise Bürgergeld leistet, obwohl die Voraussetzungen dafür nicht vorlagen. Hier kann das Jobcenter die zu Gunsten des Leistungsberechtigten ergangenen Leistungsbescheide nach § 45 SGB X zurück-

EXPERTENTIPP ZUM VERTRAUENSSCHUTZ:
Ist das Vertrauen des Leistungsberechtigten schutzwürdig, sind auch zu Unrecht erhaltene Leistungen nicht zurückzuzahlen.

nehmen und in Verbindung mit § 50 SGB X die Rückzahlung der zu Unrecht erbrachten Leistungen verlangen. Handelt es sich den Erstattungsbeträgen um Bagatellsummen (bis 50 EUR) findet keine Aufhebung des Bescheides statt und eine Rückforderung erfolgt nicht (§ 40 Abs. 1 S. 3 SGB II).

Allerdings bestimmt § 45 Abs. 2 SGB X, dass ein Bescheid, der zu Gunsten eines Leistungsberechtigten ergangen ist, dann nicht zurückgenommen werden darf, wenn der Begünstigte auf den Bestand des Verwaltungsaktes vertraut hat und sein VERTRAUEN unter Abwägung mit dem öffentlichen Interesse an einer Rücknahme SCHUTZWÜRDIG ist. Das Gesetz sieht das Vertrauen des Leistungsberechtigten in der Regel dann als schutzwürdig an, wenn der Leistungsberechtigte erbrachte Leistungen verbraucht hat oder eine Vermögensdisposition getroffen hat, die er nicht mehr oder nur unter unzumutbaren Nachteilen rückgängig machen kann. Bei Sozialleistungsberechtigten nach dem SGB II wird man in aller Regel davon ausgehen dürfen, dass die erbrachten Leistungen verbraucht wurden. Das Vertrauen einer leistungsberechtigten Person auf die Rechtmäßigkeit des Bürgergeldbescheides ist deshalb in der Regel schutzwürdig. Es muss aber darauf hingewiesen werden, dass die Berufung auf eine besondere Vertrauenslage ausgeschlossen ist, wenn

- der Berechtigte den Bescheid durch arglistige Täuschung (Betrug), Drohung (Erpressung)
- oder Bestechung erwirkt hat oder
- der Bürgergeldbescheid auf Angaben beruht, die der Sozialleistungsberechtigte vorsätzlich
- oder grob fahrlässig in wesentlicher Beziehung unrichtig oder unvollständig gemacht hat oder
- wenn der Leistungsberechtigte die Rechtswidrigkeit des Bescheides kannte oder infolge grober Fahrlässigkeit nicht kannte. Grobe Fahrlässigkeit liegt vor allem dann vor, wenn der Sozialleistungsberechtigte die erforderliche Sorgfalt in besonders schwerem Maße verletzt hat.

Da die sozialrechtlichen Berechnungen für den normalen Adressaten oft schwer durchschaubar sind, dürfte abgesehen von den Fällen der arglistigen Täuschung, Drohung oder Bestechung, eine Rücknahme wegen Kenntnis der Rechtswidrigkeit in der Regel ausscheiden. Grobe Fahrlässigkeit liegt allerdings dann vor, wenn es für den Leistungsberechtigten geradezu handgreiflich war, dass der Bescheid falsch war.

IV. Rückforderung bei Darlehen, § 42a SGB II

Wenn der Träger der Grundsicherungsleistungen eine Leistung darlehensweise bewilligt (siehe etwa § 24 Abs. 1 SGB II) kann der Träger der Grundsicherungsleistung den darlehensweise gewährten Betrag wie jeder andere Kreditgeber auch zu dem vereinbarten Zeitpunkt zurückverlangen. In einem solchen Fall ist die Rechtsgrundlage für die Rückforderung der gewährten Leistungen entweder der zwischen dem Träger und dem Leistungsberechtigten abgeschlossene Darlehensvertrag oder der Bewilligungsbescheid, mit dem der Grundsicherungsträger den Darlehensbetrag bewilligt hat. Ein Darlehen kann durch Verrechnung mit dem laufenden Leistungsbezug getilgt werden (§ 42a Abs. 2 S. 1 SGB II). Dies ist von der Höhe aber auf maximal 5 % des maßgebenden Regelbedarfs beschränkt.

V. Aufrechnung und Erlass

Nach § 43 SGB II können Geldleistungen zur Sicherung des Lebensunterhalts maximal bis zu einem Betrag in Höhe von 10 % des für den Leistungsberechtigte maßgebenden Regelbedarfs mit Erstattungsansprüchen der Träger aufgerechnet werden. Wenn es sich um Ansprüche handelt, die der Leistungsberechtigte durch vorsätzlich oder grob fahrlässig unrichtige oder unvollständige Angaben veranlasst hat, kann eine AUFRECHNUNG bis zu 30 % des maßgebenden Regelbetrags erfolgen. Die Aufrechnungsmöglichkeit ist auf drei Jahre beschränkt. Die Aufrechnung ist ferner nicht zulässig, wenn bereits eine Kürzung des Regelbedarfs aufgrund einer Sanktion um 30 % % erfolgt ist. Die Kumulation von Sanktion und Aufrechnung ist nicht vertretbar, weil hierdurch der betroffenen Person die wirtschaftliche Existenzgrundlage entzogen wird, was mit dem Sozialstaatsprinzip (Art. 20 GG) unvereinbar ist.

Die Träger von Leistungen nach dem SGB II dürfen dem Leistungsberechtigten gegenüber Ansprüche ERLASSEN, wenn deren Einziehung nach Lage des Einzelfalls unbillig wäre (§ 44 SGB II). Dies wäre denkbar, wenn eine Forderung zu einer erheblichen existenzgefährdenden Notlage führen würde und so eine sich abzeichnende positive Entwicklung der betroffenen Person und ihrer Familie belastet würde, zum Beispiel: Eine alleinerziehende Mutter hat nach mehrjährigem Leistungsbezug eine neue Arbeitsstelle gefunden.

VI. Übergang von Ansprüchen, § 33 SGB II

In § 33 SGB II ist der ÜBERGANG VON ANSPRÜCHEN des Leistungsberechtigten gegenüber anderen Personen geregelt.

Nach § 33 Abs. 1 SGB II kann daher das Jobcenter durch eine schriftliche Anzeige an einen Dritten bewirken, dass der Anspruch des Hilfeempfängers bis zur Höhe der erbrachten Leistungen auf das Jobcenter übergeht. Dabei kann es sich zB um Schadenersatzansprüche oder auch um Unterhaltsforderungen handeln.

Der Übergang von UNTERHALTSANSPRÜCHEN ist ferner auch in § 33 Abs. 2 SGB II geregelt.

Er ist bei folgenden Konstellationen ausgeschlossen:

- Die unterhaltsberechtigte Person lebt mit dem Verpflichteten in einer BEDARFSGEMEINSCHAFT. Hier findet bereits die Berücksichtigung des Einkommens und Vermögens über § 9 Abs. 2 SGB II statt.
- Ferner findet kein Anspruchsübergang statt, wenn die unterhaltsberechtigte Person mit dem Verpflichteten VERWANDT ist und selber den UNTERHALTSANSPRUCH aber nicht geltend macht.
  Dies gilt aber nicht für Unterhaltsansprüche von
- minderjährigen Leistungsberechtigten, oder
- von Leistungsberechtigten, die das 25. Lebensjahr noch nicht vollendet und die erste Ausbildung noch nicht abgeschlossen haben, gegen ihre ELTERN.
- Ferner ist der Übergang eines Unterhaltsanspruchs ausgeschlossen, wenn die anspruchsberechtigte Person in einem Kindschaftsverhältnis zum Verpflichteten steht und entweder schwanger ist oder ihr leibliches Kind bis zur Vollendung seines sechsten Lebensjahres betreut.

Es gibt also keinen generellen Unterhaltsrückgriff gegenüber Verwandten. Insbesondere gilt außerhalb von Haushalts- und Bedarfsgemeinschaften:

- Eltern werden vom Jobcenter wegen der Zahlung von Bürgergeld nicht zu Unterhaltszahlungen herangezogen. Eine Ausnahme: Die Kinder sind minderjährig bzw. haben das 25. Lebensjahr noch nicht vollendet und zudem ihre Ausbildung nicht abgeschlossen.
- Erwachsene Kinder, deren Eltern Bürgergeld erhalten, werden ebenfalls nicht zu Unterhaltszahlungen herangezogen.

Für die Vergangenheit können die Träger nach § 33 Abs. 3 SGB II Ansprüche nur dann rückwirkend geltend machen, wenn der Träger den Verpflichteten über die Leistungserbringung schriftlich informiert hat. Die übergeleiteten Ansprüche sind – soweit es sich um Unterhaltsansprüche handelt – auf dem Zivilrechtsweg geltend zu machen (§ 33 Abs. 4 S. 3 SGB II). Bei dem Übergang von Unterhaltsansprüchen nach Bürgerlichem Recht geht auch der unterhaltsrechtliche Auskunftsanspruch auf den zuständigen Träger über.

Zusammenfassung:
Auch wenn die Leistungen der Grundsicherung grundsätzlich nicht zurückgezahlt werden müssen, gibt es doch Konstellation, in denen das Jobcenter die Aufwendung von anderen Personen oder vom Leistungsberechtigten erstattet erhält. Dies ist der Fall, wenn ausnahmsweise Leistungen auf Darlehensbasis gewährt wurden. Eine Erstattungspflicht besteht ferner bei einem schuldhaft sozialwidrigen Verhalten oder wenn Leistungen zu Unrecht bezogen worden sind. Hier haften dann sowohl der Leistungsberechtigte als auch die Person, die durch ihr Verhalten dies verursacht hat. Auch bestehen des Weiteren Rückgriffsmöglichkeiten gegenüber unterhaltsverpflichte Personen. Der Träger der Grundsicherung hat die Möglichkeit einen bestehenden Unterhaltsanspruch des Leistungsberechtigten direkt geltend zu machen.

Verwaltungsverfahren und Rechtsmittel

Im folgenden Kapitel wird das Verwaltungsverfahren für den Bezug von SGB II-Leistungen dargestellt. Ferner wird aufgezeigt, welche Möglichkeiten bestehen sich gegen eine getroffene Entscheidung zu wehren.

9. Verwaltungsverfahren und Rechtsmittel

I. Verwaltungsverfahren

Das Verwaltungsverfahren richtet sich nach den Regeln des Sozialverwaltungsverfahrens, wie sie im SGB I und SGB X normiert sind. Die Leistungen der Grundsicherung werden entweder gemeinsam von der Bundesanstalt für Arbeit und dem kommunalen Träger durch das Jobcenter oder nach dem Optionsmodell allein durch einen kommunalen Träger erbracht (§§ 6 ff. SGB II).

Die Leistungen werden ausschließlich auf Antrag hin erbracht (§ 37 Abs. 1 SGB II). Wendet sich der Hilfesuchende an einen unzuständigen Träger, so ist dieser verpflichtet, den zuständigen Träger unverzüglich zu informieren und etwaig vorhandene Unterlagen zu übersenden (§ 16 Abs. 2 SGB I). Die Leistungsempfänger werden gemäß § 51a SGB II unter einer Kundennummer geführt. Leistungen der Grundsicherung für Arbeitsuchende werden nicht für Zeiten vor der Antragsstellung erbracht. Der Antrag auf Leistungen wirkt allerdings auf den 1. des Monats zurück, indem der Antrag gestellt wurde (§ 37 Abs. 2 S. 2 SGB II).

Die Behörde ermittelt den zugrundeliegenden Sachverhalt und prüft, ob die jeweiligen Anspruchsvoraussetzungen erfüllt sind.

Gemäß § 41a SGB II kann zunächst auch eine VORLÄUFIGE ENTSCHEIDUNG über die Leistungsgewährung erfolgen, um eine zeitnahe Sicherstellung des Existenzminimums durch das Bürgergeld zu erreichen.

Anspruch auf Leistungen zur Sicherung des Lebensunterhalts besteht für jeden Kalendertag. Der Monat wird mit 30 Tagen berechnet. Stehen die Leistungen nicht für einen vollen Monat zu, werden die Leistungen anteilig erbracht. Die Leistungen sollen jeweils für ein Jahr bewilligt werden. Berechnungen werden auf zwei Dezimalstellen durchgeführt (§ 41 Abs. 2 S. 1 SGB II).

§ 38 SGB II bestimmt, dass der erwerbsfähige Leistungsberechtigte bevollmächtigt ist, Leistungen nach dem SGB II auch für die mit ihm in einer Bedarfsgemeinschaft lebenden Personen zu beantragen und entgegenzunehmen.

II. Rechtsmittel

Der Träger der Grundsicherung ist verpflichtet, Anträge eines Leistungsberechtigten schriftlich zu bescheiden. Bleibt der Träger untätig oder reagiert er mit schleppender Abwicklungsweise, so kann der Leistungsberechtigte im Einzelfall in eine Notsituation geraten. Der Leistungsberechtigte kann in diesen Fällen

- Untätigkeitsklage bei den Sozialgerichten erheben und
- da Klageverfahren erfahrungsgemäß einen langen Zeitraum von ein bis zwei Jahren in Anspruch nehmen, darüber hinaus im Wege der einstweiligen Anordnung nach § 86b Abs. 2 SGG beantragen, zur vorläufigen Sicherstellung des Lebensunterhalts als Eilmaßnahme eine einstweilige Regelung zu treffen.

Im Rahmen des einstweiligen Anordnungsverfahrens nehmen die Gerichte nur eine summarische Prüfung vor. Ähnlich ist zu verfahren, wenn der Träger den geltend gemachten Antrag ablehnt.

In diesem Falle kann der Leistungsberechtigte gegen den Ablehnungsbescheid WIDERSPRUCH einlegen. Der Widerspruch ist innerhalb eines Monats nach Bekanntgabe des ablehnenden Bescheids schriftlich bei der Behörde einzulegen und nach Möglichkeit zu begründen. Die Träger sind aber auch verpflichtet, einen bei der Behörde persönlich vorsprechenden Leistungsberechtigten bei der Formulierung des Widerspruchs behilflich zu sein (sogenannte Niederschrift). Nach § 39 SGB II haben der Widerspruch oder eine spätere Anfechtungsklage gegen einen Verwaltungsakt, der insbesondere Leistungen aufhebt oder entzieht, KEINE AUFSCHIEBENDE WIRKUNG. Der Verwaltungsakt kann also trotz des Widerspruchs vollzogen werden.

Nach nochmaliger Überprüfung der Sach- und Rechtslage erlässt die Behörde einen WIDERSPRUCHSBESCHEID. Fällt der Widerspruchsbescheid ganz oder teilweise negativ aus, kann gegen den Widerspruchsbescheid innerhalb eines Monats nach Zustellung Klage erhoben werden. Ohne einen Widerspruch wird der Ablehnungsbescheid rechtskräftig und verbindlich.

Da der Widerspruch nur den Effekt hat, dass der Ablehnungsbescheid noch nicht rechtskräftig wird und die Behörde anschließend den gesamten Sachverhalt in tatsächlicher und rechtlicher Hinsicht überprüfen muss, kann es auch nach Einlegung eines Widerspruchs zu Notsituationen des Leistungsberechtigten kommen; auch in diesem Fall empfiehlt sich ein Gang zu den Sozialgerichten und die Beantragung des Erlasses einer EINSTWEILIGEN ANORDNUNG. Leistungsberechtigte, die sich mangels ausreichender Kenntnisse scheuen, allein einen Gang zu den Gerichten zu machen, können sich anwaltlichen Rates bedienen.

Obwohl vor den Sozialgerichten in der ersten Instanz kein Anwaltszwang besteht, ist die Hinzuziehung eines Anwaltes vielfach ratsam.

Zusammenfassung:
Im Verwaltungsverfahren prüft die Behörde, ob die Voraussetzungen für den Leistungsbezug im Einzelfall gegeben sind. Wenn der Antragsteller mit der getroffenen Entscheidung nicht einverstanden ist, muss gegen eine Entscheidung zunächst Widerspruch eingelegt werden. Soweit die antragstellende Person auch mit der erneuten Entscheidung nicht einverstanden ist, muss gegen den Widerspruchsbescheid Klage vor dem Sozialgericht erhoben werden.

10

Grundlagen der Sozialhilfeleistungen nach dem SGB XII

SOZIALHILFE ist die Leistung, die immer dann eingreift, wenn ansonsten das sozio-kulturelle Existenzminimum nicht sichergestellt wäre. Sie ist eine Auffangleistung für die Menschen, die über keine weiteren Ressourcen zur Bestreitung des Lebensunterhaltes mehr verfügen. Mit der Einführung des SGB II wird diese Funktion der Sozialhilfe auch durch die Grundsicherung für Arbeitssuchende (SGB II) wahrgenommen. Dadurch hat sich der Kreis potenziell berechtigter Personen für Leistungen des SGB XII erheblich reduziert.

10. Grundlagen der Sozialhilfeleistungen nach dem SGB XII

Das Bürgergeld und die Leistungen des SGB XII zielen beide auf die Existenzsicherung von Menschen ab, die keine anderen Möglichkeiten haben, ihren Lebensunterhalt zu bestreiten. Insoweit sind sie nachrangige Leistungen. Es ist immer zu prüfen, welche anderen vorrangigen Möglichkeiten zur Behebung der Hilfebedürftigkeit (zB Unterhaltsansprüche, Vermögenseinsatz, Einkommen) bestehen.

Im deutschen Sozialleistungssystem gibt es folglich zwei Zugänge zu existenzsichernden Sozialleistungen. Das hierfür wichtige Unterscheidungsmerkmal ist die ERWERBSFÄHIGKEIT: Personen, die erwerbsfähig im Sinne des § 8 SGB II sind, erhalten die vorrangigen Leistungen des SGB II (Eingliederung, Bürgergeld). Nichterwerbsfähige Personen erhalten grundsätzlich Leistungen des SGB XII, die der Sicherung des Lebensunterhaltes dienen. Diese Trennung wird aber durchbrochen, wenn nichterwerbsfähige Personen in einer Bedarfsgemeinschaft mit erwerbsfähigen Leistungsberechtigten leben. Um hier eine einheitliche Leistungsgewährung für Bedarfsgemeinschaften sicherzustellen, erfolgt ausnahmsweise ihre Einbeziehung in das System des SGB II.

I. Besondere Personengruppen

Grundsätzlich gilt das SGB XII uneingeschränkt für alle Hilfesuchenden im gleichen Rahmen und in der gleichen Art und Weise. Bezüglich einzelner Personengruppen gibt es jedoch teilweise Besonderheiten, die an dieser Stelle hervorgehoben werden sollen:

AUSZUBILDENDE UND STUDIERENDE haben aber nur ausnahmsweise einen Anspruch auf Hilfe zum Lebensunterhalt (§ 22 SGB XII). Dies betrifft vor allem Schülerinnen und Schüler von weiterführenden allgemeinbildenden Schulen, die von BAföG-Leistungen von vornherein ausgeschlossen sind, weil sie zuhause wohnen. Sie erhalten daher auch Sozialhilfeleistungen, wenn die weiteren Voraussetzungen erfüllt sind. Auch Schülerinnen und Schüler von Berufsfachschulen und Fachschulklassen, deren Besuch keine abgeschlossene Berufsausbildung voraussetzt, können Leistungen des SGB XII erhalten. Dies gilt auch für Schülerinnen und Schüler von Abendhauptschulen, Abendrealschulen oder Abendgymnasien, wenn sie altersbedingt keinen Anspruch auf BAföG-Leistungen haben.

Nur in besonderen Härtefällen, die aber nur ganz ausnahmsweise anzunehmen sind, kann der Sozialhilfeträger im Einzelfall darüber hinaus Hilfe zum Lebensunterhalt als Beihilfe oder als Darlehen gewähren.
Die Vorschrift des § 22 SGB XII führt vor allem bei Studenten, die ihre Studienhöchstförderungsdauer überschritten haben oder aber ein Zweitstudium ohne BAföG-Leistungen absolvieren, zu erheblichen Problemen.

Nach § 24 Abs. 1 SGB XII erhalten Deutsche, die ihren gewöhnlichen Aufenthalt im AUSLAND haben, keine Leistungen. Hiervon kann im Einzelfall nur abgewichen werden, soweit dies wegen einer außergewöhnlichen Notlage unabweisbar ist und zugleich nachgewiesen wird, dass eine Rückkehr in das Inland aus Gründen der Kindererziehung, der Pflegebedürftigkeit oder aufgrund hoheitlicher Gewalt (Inhaftierung, Ausreiseverbot) nicht möglich ist.

Personen, die nicht Deutsche sind und sich in der Bundesrepublik Deutschland aufhalten, ist insbesondere Hilfe zum Lebensunterhalt, Krankenhilfe, Hilfe für bei Schwangerschaft und Mutterschaft und Hilfe zur Pflege zu gewähren (§ 23 SGB XII). Ferner sind auch Leistungen der Grundsicherung im Alter und bei Erwerbsunfähigkeit möglich. Allerdings sind Leistungen ausgeschlossen bei EU-Bürgern in den ersten drei Monates ihres Aufenthaltes, bei Personen, die kein Aufenthaltsrecht haben oder nur ein Aufenthaltsrecht zum Zweck der Arbeitssuche haben. Gleiches gilt, wenn die Einreise nach Deutschland, mit dem Ziel der Erlangung von Sozialhilfe erfolgt ist. Ausländerinnen und Ausländer haben dann aber den gleichen Zugang zu Sozialhilfeleistungen wie Deutsche, soweit sie eine Niederlassungserlaubnis oder eine befristete Aufenthaltserlaubnis besitzen und sich dauerhaft in Deutschland aufhalten.

II. Leistungen

Die Sozialhilfe unterscheidet nach § 8 SGB XII sechs verschiedene Leistungsarten, die man in drei Gruppen zusammenfassen kann, nämlich:

- ☐ die Hilfe zum Lebensunterhalt, §§ 27–40 SGB XII,
- ☐ die Grundsicherung im Alter und bei Erwerbsminderung (§§ 41–46b SGB XII),
- ☐ sonstige Hilfen in besonderen Lebenssituationen (§§ 47–74 SGB XII).

Die HILFE ZUM LEBENSUNTERHALT regelt den normalen Lebensunterhalt für jeden, der keine Leistungen nach dem SGB II oder keine Grundsicherung nach §§ 41–46 SGB XII erhalten kann. Nach § 19 I SGB XII muss sie allen Personen gewährt werden, die ihren notwendigen täglichen Bedarf nicht oder nicht ausreichend aus eigenen Kräften und Mitteln vor allem aus ihrem Einkommen und Vermögen beschaffen können.

EXPERTENTIPP ZUM EINSETZEN DER SOZIALHILFE:
Sozialhilfe setzt keinen Antrag voraus. Sie ist von Amts wegen zu leisten, wenn über eine Notlage Kenntnis besteht. Grundsicherungsleistungen im Alter und bei Erwerbsminderung setzen aber immer einen Antrag voraus.

Die GRUNDSICHERUNG IM ALTER UND BEI ERWERBSMINDERUNG entspricht vom Umfang her den der Hilfe zum Lebensunterhalt gemäß §§ 27–40 SGB XII.

Zu den SONSTIGE HILFEN in besonderen Lebenssituationen zählen die Hilfen zur Gesundheit (§§ 47–52 SGB XII), die Hilfe zur Pflege (§§ 61–66a SGB XII), die Hilfe und zur Überwindung besonderer sozialer Schwierigkeiten (§§ 67–69 SGB XII) und die Hilfe in anderen Lebenslagen gem. §§ 70–74 SGB XII.

EXPERTENTIPP ZUR RASCHEN EINBINDUNG DES SOZIALHILFETRÄGERS:
Leistungen der Sozialhilfe entfallen, wenn der Bedarf schon anderweitig gedeckt worden ist. Wichtig ist immer, dass der Sozialhilfeträger so rasch wie möglich über die Notlage informiert wird.

Auf die Leistungen der Sozialhilfe besteht ein RECHTSANSPRUCH (§ 17 SGB XII). Sie sind also keine Almosenleistungen. Ziel ist, dass Menschen in die Lage versetzt werden, ihre Situation zu überwinden (Hilfe zur Selbsthilfe). Wie auch die Leistungen nach dem SGB II ist auch die Sozialhilfe nachrangig gegenüber anderen Unterstützungsmöglichkeiten. Es wird immer geprüft, inwieweit anderweitige Hilfsoptionen (zB vorrangige Sozialleistungen, Unterhaltsansprüche) bestehen. Ein Anspruch auf Sozialhilfe entsteht, sobald für den Leistungsberechtigten eine Notlage vorliegt. § 18 Abs. 1 SGB XII bestimmt deshalb, dass die Sozialhilfe einsetzt, sobald dem Träger der Sozialhilfe oder den von ihm beauftragten Stellen bekannt wird, dass die Voraussetzungen für die Gewährung der Sozialhilfe vorliegen. Der Sozialhilfeträger muss die Hilfe also von Amts wegen gewähren, ein Antrag des Betroffenen ist rechtlich nicht erforderlich. Gleichwohl empfiehlt es sich immer, bei den Sozialhilfeträgern einen schriftlichen Antrag einzureichen.

Mit den Leistungen der Sozialhilfe soll ein aktueller bestehender Bedarf gedeckt werden. Wenn die BEDARFSDECKUNG auf andere Weise schon erfolgt ist, so wenn Verwandte die finanzielle Notlage überbrücken, entfällt damit die Bedarfslage und ein Anspruch auf Sozialhilfe ist nicht mehr gegeben. Es ist ratsam sich ohne Scheu direkt an den Sozialhilfeträger zu wenden, bevor Freunde oder Verwandte um Hilfe gebeten werden. Da die Sozialhilfe nur eine gegenwärtige Notlage beheben will, kann sie grundsätzlich nicht nachträglich (rückwirkend) für die Vergangenheit gewährt werden. Wer aus Unkenntnis oder falscher Scham keinen Antrag stellt, hat rückwirkend keine Ansprüche. Wer etwa

Hausrat anschaffen möchte, muss vor dem Kauf einen schriftlichen Antrag stellen. Auch Schulden werden nicht übernommen. Wer also zunächst durch Kreditaufnahme seinen Lebensunterhalt bestreitet, ohne einen Antrag auf Sozialhilfe gestellt zu haben, kann den Sozialhilfeträger nicht rückwirkend auf Übernahme der Schulden in Anspruch nehmen.

Da es für die Gewährung von Sozialhilfe nur darauf ankommt, dass eine konkrete Notlage besteht und dass dieser Bedarf gedeckt werden muss, ist die Ursache der Notlage regelmäßig ohne Bedeutung.

Zusammenfassung:
Mit den Leistungen des SGB XII wird das sozio-kulturelle Existenzminimum sichergestellt. Mit der Geltung des SGB II und der nunmehrigen Absicherung durch das Bürgergeld ist der Adressatenkreis für Leistungen des SGB XII erheblich eingeschränkt.
Die Leistungen des SGB XII umfassen

- die Hilfe zum Lebensunterhalt,
- die Grundsicherung im Alter und bei Erwerbsminderung sowie
- die sonstigen Hilfen in besonderen Lebenssituationen.

Hilfe zum Lebensunterhalt nach dem SGB XII

Nachfolgend werden die Leistungen der Hilfe zum Lebensunterhalt näher dargestellt. Erläutert werden der Regelbedarf, der Mehrbedarf und der einmalige Bedarf sowie der notwendige Lebensunterhalt in Einrichtungen.

11. Hilfe zum Lebensunterhalt nach dem SGB XII

I. Leistungen der Hilfe zum Lebensunterhalt

Die Leistungen der Hilfe zum Lebensunterhalt (Regelbedarf, Mehrbedarf, einmalige Bedarfe, Kosten der Unterkunft und Heizung, ergänzende Darlehen, Kranken-/Pflegeversicherung, sowie die Bedarfe für Bildung und Teilhabe,) entsprechen im Wesentlichen den Leistungen der §§ 20 ff. SGB II. Daher kann auf die Ausführungen und Erläuterungen zum Bürgergeld verwiesen werden.

Eine Besonderheit gibt es aber bei den Mehrbedarfen. Gemäß § 30 Abs. 1 SGB XII erhalten Personen, die das Renteneintrittsalter gemäß § 41 Abs. 2 SGB XII erreicht haben oder aber vollerwerbsgemindert sind, einen Mehrbedarf in Höhe von 17 % der maßgebenden Regelbedarfsstufe. Weitere Voraussetzung ist das Vorliegen einer erheblichen Gehbehinderung, die durch einen Schwerbehindertenausweis mit dem Merkzeichen „G“ nachgewiesen wird.

Ferner gilt ein Mehrbedarf gemäß § 30 Abs. 4 SGB XII iVm § 42b Abs. 3 SGB XII in Höhe von 35 % der maßgebenden Regelbedarfsstufe für Leistungsberechtigte mit Behinderungen ab dem vollendeten 15. Lebensjahr soweit sie nach § 112 SGB IX Leistungen zur Teilhabe an Bildung erhalten.

Anders als im SGB II können im SGB XII die Regelbedarfssätze abweichend von der jeweiligen Regelbedarfsstufe festgesetzt werden, soweit ein regelmäßig höherer Bedarf im Einzelfall besteht (§ 27a Abs. 4 SGB XII).

Umgekehrt ist auch eine Kürzung der Regelsätze denkbar, wenn ein Hilfesuchender – atypischerweise – Teile seines Regelbedarfs nicht benötigt (zB die Haushaltsenergiekosten sind bereits teilweise über die Warmmiete mit abgegolten).

Der Sozialhilfeträger ist ferner nach § 26 Abs. 1 SGB XII berechtigt, die Hilfe in folgenden Fällen einzuschränken:

- Bei einem volljährigen Hilfesuchenden, der sein Einkommen oder Vermögen in der Absicht vermindert hat, die Voraussetzungen für die Gewährung oder Erhöhung der Sozialhilfe herbeizuführen (etwa

verschwenderische Schenkungen in der Absicht, das vorhandene Vermögen auf Null zu reduzieren),
- bei einem Leistungsberechtigten, der trotz Belehrung sein unwirtschaftliches Verhalten fortsetzt (zB falsche Einteilung des Haushaltsgeldes, mehre gleichlautende Verträge von Telefonnetzanbietern).

Die Hilfe kann um bis 30 % des Regelsatzes der Stufe 1 reduziert werden. Die Kosten der Unterkunft sind hiervon aber nicht betroffen.

II. Einmalige Bedarfe zum Lebensunterhalt

Zusätzlich zum Regelbedarf werden Leistungen zur Bedarfsdeckung erbracht. Diese können nur für die in § 31 Abs. 1 SGB XII genannten Tatbestände gewährt werden, und zwar für Erstausstattungen für die Wohnung einschließlich Haushaltsgeräte, für Erstausstattungen mit Bekleidung sowie für die Anschaffung und Reparaturen von orthopädischen Schuhen, Reparaturen von therapeutischen Geräten und Ausrüstungen sowie die Miete von therapeutischen Geräten.

In besonderen Situationen kann der Sozialhilfeträger im Einzelfall bei einem UNABWEISBAR GEBOTENEN BEDARF (beispielsweise bei besonderen Anlässen wie Familienfeierlichkeiten wie Taufe, Hochzeit, Kommunion/Konfirmation oder hohen Geburtstagen) ausnahmsweise nach § 37 SGB XII ein ergänzendes Darlehn gewähren. Die Rückzahlung kann in monatlichen Teilbeträgen in Höhe von bis zu 5 % des Regelbedarfs der Stufe 1 (Einzelperson) von den Leistungsberechtigten einbehalten werden.

EXPERTENTIPP ZUR GELTENDMACHUNG EINES EINMALIGEN BEDARFS: Auch bei den einmaligen Bedarfen ist unverzüglich der Sozialhilfeträger vorab zu informieren, damit eine rechtzeitige Leistung erfolgen kann.

Der Leistungsberechtigte ist gut beraten, wenn er bei allen einmaligen Hilfen zunächst einen Antrag beim zuständigen Sozialhilfeträger vor der tatsächlichen Inanspruchnahme der einmaligen Hilfe stellt. Wer die tatsächlich in Anspruch genommene Hilfe bereits aus eigenen Mitteln vorfinanziert, läuft Gefahr, dass der Träger der Sozialhilfe aufgrund des Bedarfsdeckungsprinzips davon ausgeht, dass ein Bedarf nicht mehr besteht. In derartigen Fällen wird dann die nachträglich beantragte Hilfe abgelehnt.

III. Notwendiger Lebensunterhalt in Einrichtungen (§ 27b SGB XII)

Leistungen in Einrichtungen werden auf Grundlage des § 27b SGB XII erbracht. Der notwendige Lebensunterhalt umfasst zunächst den in der Einrichtung erbrachten Lebensunterhalt. In stationären Einrichtungen entspricht dem Umfang der Regelbedarfsstufe 3 bei volljährigen Leistungsberechtigten, der zusätzlichen Bedarfe und der Bedarfe für Unterkunft und Heizung.

In stationären Einrichtungen wird ferner zusätzlich ein weiterer notwendiger Lebensunterhalt erbracht. Dieser umfasst dabei neben der BEKLEIDUNGSPAUSCHALE einen angemessenen BARBETRAG zur persönlichen Verfügung. Leistungsberechtigte die das 18. Lebensjahr vollendet haben, erhalten einen Barbetrag in Höhe von mindestens 27 v. H. der der Regelbedarfsstufe 1 nach § 28 SGB XII (2024: 152,01 EUR).

Zusammenfassung:
Die Leistungen des SGB XII zum Lebensunterhalt entsprechen im Wesentlichen den Leistungen des Bürgergeldes. Jedoch ist bei der Sozialhilfe eine stärkere Orientierung an die individuelle Situation der Menschen möglich.

12

Berücksichtigung des Einkommens und des Vermögens bei Sozialhilfeleistungen (SGB XII)

Die Sozialhilfeleistungen des SGB XII werden in Abhängigkeit von der individuellen Bedürftigkeit einer Person erbracht. Im folgenden Kapitel wird die Berücksichtigung von Einkommen und Vermögen dargestellt. Hierbei wird auch die Bedeutung des Zusammenlebens mit anderen Personen in einer Haushaltsgemeinschaft oder in einer eheähnlichen oder lebenspartnerschaftsähnlichen Gemeinschaft thematisiert.

12. Berücksichtigung des Einkommens und des Vermögens bei Sozialhilfeleistungen (SGB XII)

I. Einkommen

Auf Grund des Subsidiaritätsprinzips (Grundsatz der Nachrangigkeit der Sozialhilfe) ist das zur Verfügung stehende Einkommen auf den Bedarf anzurechnen. Auch bei der Sozialhilfe zählen alle Einnahmen in Geld oder geldwerten Leistungen dazu.

Allerdings werden bestimmte EINKOMMEN nicht berücksichtigt (vgl. §§ 82 ff. SGB XII). Dazu gehören beispielsweise:

- Sämtliche Leistungen nach dem SGB XII werden nicht angerechnet. (Der Sozialhilfeträger soll nicht mit der einen Hand eine Sozialhilfeleistung austeilen und mit der anderen Hand diese Leistung wieder wegnehmen.)
- Das Mutterschaftsgeld gemäß § 19 Mutterschutzgesetz
- Schmerzensgeldzahlungen im Sinne von § 253 Abs. 2 BGB (beispielsweise Schmerzensgeld nach einem Autounfall)
- Zuwendungen von Trägern der freien Wohlfahrtspflege, es sei denn, die Zuwendungen würden die Lage des Leistungsberechtigten so günstig beeinflussen, dass daneben Sozialhilfe ungerechtfertigt wäre
- Zuwendungen, die ein anderer gewährt, ohne hierzu eine rechtliche oder sittliche Pflicht zu haben, wenn ihre Berücksichtigung für den Empfänger eine besondere Härte bedeuten würde (etwa bei Geburtstags- und Weihnachtsgeschenken von Freunden und Verwandten des Sozialleistungsberechtigten)
- Einkommen von Schülerinnen und Schülern aus Ferienjobs während der Schulferien
- ein Betrag von 520 EUR monatlich aus Erwerbstätigkeit bei Leistungsberechtigten unter 25 Jahren, soweit diese sich in der Ausbildung befinden, an einer ausbildungsvorbereitenden Maßnahme teilnehmen oder als Schülerinnen/Schüler eine allgemein- oder berufsbildende Schule besuchen
- Aufwandsentschädigungen oder Einnahmen aus nebenberuflichen Tätigkeiten werden nicht angerechnet, wenn diese 3.000 EUR im Kalenderjahr nicht überschreiten und nach § 3 Nr. 12, 26 oder 26a Einkommenssteuergesetz steuerfrei sind. Dies gilt auch für die Aufwandspauschalen für gesetzliche Betreuer nach § 1878 BGB.
- Erbschaften

EXPERTENTIPP ZUM EINKOMMEN VON SCHÜLERINNEN UND SCHÜLERN:
Das Einkommen von Schülerinnen und Schülern ist in einem begrenzten Umfang auch im Bereich der Sozialhilfe geschützt.

II. Feststellung des bereinigten und anrechenbaren Nettoeinkommens

Auf die Sozialhilfe ist nur das bereinigte Nettoeinkommen anzurechnen. Bei der Feststellung des bereinigten Nettoeinkommens ist vom monatlichen Bruttoeinkommen auszugehen. Davon werden neben den Steuern und Sozialversicherungsbeiträgen auch angemessene Versicherungsbeiträge abgezogen (vgl. § 82 Abs. 2 SGB XII). Auch die WERBUNGSKOSTEN können in Abzug gebracht werden. Ohne Nachweis dürfen hinsichtlich der Aufwendungen für die Arbeitsmittel pauschal ohne Nachweis ein Betrag von 5,20 EUR monatlich abgezogen werden.

Für Fahrten zwischen der Wohnung und der Arbeitsstätte werden die tatsächlichen Kosten für die Benutzung eines öffentlichen Verkehrsmittels berücksichtigt. Nur wenn ein öffentliches Verkehrsmittel nicht vorhanden oder dessen Benutzung im Einzelfall nicht zumutbar ist (etwa wegen ungünstiger Fahrtzeiten), wird ausnahmsweise auch die Benutzung eines Kraftfahrzeugs als notwendig anerkannt. Der Sozialleistungsberechtigte kann dann monatliche Pauschalbeträge von 5,20 EUR für jeden Entfernungskilometer zwischen Wohnung und Arbeitsstätte von seinem Einkommen in Abzug bringen.

Beispiel für die Berücksichtigung von Werbungskosten:
Die Entfernung zwischen Wohnung und Arbeitsstätte beträgt 20 km; ein öffentliches Verkehrsmittel ist nicht vorhanden. Der Arbeitnehmer benutzt seinen eigenen Pkw; der Arbeitnehmer (Sozialleistungsberechtigter) kann dann monatlich einen Betrag von 20 × 5,20 EUR = 104 EUR von seinem Einkommen einkommensmindernd in Abzug bringen.

Bei der Hilfe zum Lebensunterhalt ist ein Betrag in Höhe von 30 vom Hundert des Bruttoeinkommens aus selbständiger und nichtselbständiger Tätigkeit des Leistungsberechtigten, höchstens jedoch 50 % der Regelbedarfsstufe 1 nach § 28 SGB XII vom Einkommen abzuziehen (§ 82 Abs. 3 SGB XII).

Für leistungsberechtigte Beschäftigte in Werkstätten für Menschen mit Behinderungen oder bei einem anderen Leistungsanbieter nach § 60 SGB IX ist von dem Entgelt ein Achtel (12,5 %) der Regelbedarfsstufe 1 zuzüglich 50 % des diesen Betrag übersteigenden Entgelts abzuziehen.

Es ist zu beachten, dass § 82 Abs. 3 S. 3 SGB XII es dem Träger der Sozialhilfe in begründeten Einzelfällen ermöglicht, die Freibetragsregelung flexibel zu handhaben; S. 3 erlaubt es nämlich, in begründeten Fällen einen anderen als den in S. 1 festgelegten Betrag vom Einkommen als Freibetrag abzusetzen. Ein derartiger besonderer Einzelfall könnte zB beim Erfordernis eines besonderen Anreizes für den Leistungsberechtigten (zB Ausbildungsgeld im Berufsbildungsbereich einer Werkstatt für Menschen mit Behinderungen) vorliegen.

Beispiel für die Einkommensanrechung auf die Sozialhilfe:
Herr A arbeitet viermal wöchentlich jeweils zwei Stunden als Pförtner. Er ist zu 100 % erwerbsunfähig. Im Rahmen eines sogenannten Minijobs erhält Herr A 400 EUR (Brutto = Netto). Die Wegstrecke von der Wohnung zur Arbeitsstätte beträgt 6 km; Herr A hat sich insoweit eine Busfahrkarte (Monatskarte à 50 EUR) zugelegt.

Berechnung des sozialhilferechtlich anrechenbaren Einkommens:

Brutto/Nettoeinkommen	400,00 EUR
abzüglich Werbungskosten (pauschal 5,20 EUR gem. § 82 II Nr. 4 in Verbindung mit § 3 Abs. 5 VO zu § 82 SGB XII)	5,20 EUR
abzüglich Fahrtkosten (Monatskarte gemäß § 82 II Nr. 4 in Verbindung mit § 3 Abs. 6 Nr. 1 VO zu § 82 SGB XI)	50,00 EUR
ZWISCHENSUMME	344,80 EUR
Abzüglich sozialhilferechtlicher Freibetrag nach § 82 Abs. 3 SGB XII 30 % von 400 EUR	120,00 EUR
= BEREINIGTES NETTOEINKOMMEN INSGESAMT	224,80 EUR

Es werden also von dem Bruttoeinkommen maximal lediglich 224,80 EUR auf die Sozialhilfeleistungen in Ansatz gebracht.

III. Vermögen

Nach § 19 Abs. 1 S. 1 SGB XII kann die Hilfe zum Lebensunterhalt nur dann gewährt werden, wenn der Hilfesuchende seinen Lebensunterhalt nicht aus eigenen Kräften und Mitteln, insbesondere aus seinem Einkommen, aber auch nicht aus seinem VERMÖGEN sicherstellen kann. Dies bedeutet, dass der Träger der Sozialhilfe in jedem Einzelfall prüft, ob nicht auch das Vermögen des Hilfesuchenden einer Sozialhilfegewährung entgegensteht.

Jedoch hat der Gesetzgeber in § 90 Abs. 2 SGB XII bestimmte Vermögenswerte von der Berücksichtigung bei der Prüfung der Hilfebedürftig ausgeschlossen. Diese müssen also nicht vorrangig für den Lebensunterhalt eingesetzt werden. Dazu zählen insbesondere:

- Altersvorsorgevermögen im Sinne des § 92 des Einkommensteuergesetzes (Riesterrente)
- Vermögen, das der Sozialleistungsberechtigte zur BALDIGEN BESCHAFFUNG oder Erhaltung eines Hausgrundstücks angesammelt hat, soweit dieses HAUSGRUNDSTÜCK zu Wohnzwecken von Menschen mit einer wesentlichen Behinderung (§ 99 SGB IX), von blinden Menschen (§ 72 SGB XII) oder von pflegebedürftigen (§ 61 SGB XII) Menschen dient.
- Angemessener Hausrat
- Gegenstände, die zur Aufnahme oder Fortsetzung der BERUFSAUSBILDUNG oder der ERWERBSTÄTIGKEIT unentbehrlich sind (Arbeitsgeräte, Fachliteratur, Büromöbel, Arbeitskleidung).
- FAMILIEN- UND ERBSTÜCKE müssen in der Regel veräußert werden, es sei denn, dass die Veräußerung für den Hilfesuchenden oder seine Familie eine besondere Härte bedeuten würde.
- Gegenstände, die zur Befriedigung geistiger, besonders wissenschaftlicher oder künstlerischer Bedürfnisse dienen und deren Besitz nicht Luxus ist. Wer zB Musikinstrumente besitzt, ohne dass denen ein besonders hoher Seltenheitswert zukommt (etwa eine Stradivari), ist nicht verpflichtet, diese zu veräußern.
- Angemessenes Kraftfahrzeug
- Besitzt der Sozialleistungsberechtigte ein angemessenes HAUSGRUNDSTÜCK, das er entweder allein oder zusammen mit seinen Angehörigen ganz oder teilweise bewohnt, so braucht dieses Hausgrundstück ebenfalls nicht veräußert werden.
- Kleinere Barbeträge und sonstige Geldwerte. Nach § 1 der Verordnung zur Durchführung des § 90 Abs. 2 S. 9 SGB XII - Barbetragsverordnung (BarbetrV) gelten konkret folgende Regelungen:
- Für jede volljährige Person und für alleinstehende minderjährige Kindern: 10.000 EUR
- sowie 500 EUR für jede andere Personen, die von obigen Personen unterhalten werden (zB Kinder, die im Haushalt der Eltern leben).

EXPERTENTIPP ZU DEN FREIBETRÄGEN:
Im Bereich der Sozialhilfe gelten im Gegensatz zum Bürgergeld erheblich geringere Vermögensfreibeträge.

In § 90 Abs. 3 SGB XII hat der Gesetzgeber ferner eine allgemeine HÄRTEFALLKLAUSEL aufgenommen. Danach darf ferner die Sozialhilfe nicht von der Verwertung eines Vermögens abhängig gemacht werden, wenn dies für den, der das Vermögen einzusetzen hat, und für seine unterhaltsberechtigten Angehörigen eine Härte bedeuten würde.

So gehören erhaltene Schmerzensgeldzahlungen zwar in der Folgezeit zum Vermögen, jedoch könnte die Verwertung von angesparten Zahlungen durchaus als eine Härte gewertet werden. Auch nachgezahlte Sozialhilfeleistungen fallen unter die Härteklausel. Ansonsten könnte der Träger der Sozialhilfe seine Nachzahlungen auf die der Leistungsberechtigte einen Anspruch hatte unmittelbar wieder als Vermögen berücksichtigen.

Beispiel für das Vorliegen einer Härte:
Eine 80-jährige Frau schließt für sich und ihren bereits verstorbenen Ehemann einen Grabpflegevertrag ab und zahlt an den Friedhofsgärtner für die gesamte Vertragslaufzeit im Voraus einen Einmalbetrag. Das Verlangen des Sozialhilfeträgers, den Vertrag aufzukündigen und die unverbrauchten Mittel zurückzufordern, kann eine Härte bedeuten, wenn sich der Grabpflegevertrag in einem üblichen, bescheidenen Rahmen hält.

Beispiel für die Berechnung eines Anspruchs auf Sozialhilfe:
Sachverhalt: Berthold Eisenmann (64 Jahre) und seine Ehefrau Rita (59 Jahre) beantragen Leistungen des SGB XII. Sie leben in einer Kleinstadt, wo sie in einer Vorortsiedlung ein 400 m² großes Hausgrundstück mit einem 60 Jahre alten Haus (Wohnfläche: 125 m²) besitzen. Da sie selbst Eigentümer sind, brauchen sie keine Miete zu zahlen; es müssen jedoch monatliche Kosten für Heizung (220 EUR) und Strom (130 EUR) aufgewandt werden. Frau Eisenmann ist aufgrund einer Erkrankung erwerbsunfähig. Berthold Eisenmann ist Rollstuhlfahrer; er besitzt einen Schwerbehindertenausweis mit dem Merkzeichen „G“. Herr Eisenmann bezieht eine Rente von 800 EUR. Seine Frau erhält kein Einkommen.

Vor einiger Zeit mussten die Eheleute Eisenmann für die Renovierung des Hauses ein Darlehen von 20. 000 EUR aufnehmen. Hierfür müssen jährlich 5 % Zinsen + 2 % Tilgung geleistet werden (1.000 EUR Zinsen + 400 EUR Tilgung jährlich). Hinzu kommen Nebenkosten in Höhe von 300 EUR monatlich (Abwasser, Gebäudeversicherung, Anliegerkosten). Auf einem Sparbuch haben die Eheleute als „Notreserve“ ein gemeinsames Guthaben von 12.000 EUR.

FALLLÖSUNG: Berechnung des sozialhilferechtlichen Bedarfs:

Regelsatz des Ehemanns, §§ 42 Nr. 1, 28 I SGB XII	506 EUR
Regelsatz für die Ehefrau, §§ 42 I Nr. 1, 28 Abs. 1 SGB XII	506 EUR
Zuschlag zum Regelsatz für den Ehemann wegen Gehbehinderung nach § 30 Abs. 1 SGB XII (17 % seines Regelsatzes)	86,02 EUR
Kosten der Unterkunft (Übernahme der monatlichen Zinslasten)	83,33 EUR
Nebenkosten	300 EUR
Kosten der Heizung	220 EUR
GESAMTBEDARF	= 1.701,35 EUR
ABZÜGLICH RENTENEINKÜNFTE	800 EUR
VOM SOZIALHILFETRÄGER ZU ZAHLENDE LFD. HILFE ZUM LEBENSUNTERHALT	= 901,35 EUR

Beide Eheleute sind nicht erwerbsfähig, sodass Leistungen nach dem SGB II ausscheiden. Daher beantragen sie zu Recht Hilfe zum Lebensunterhalt nach dem SGB XII. Herr Eisenmann kann auf Grund seiner Gehbehinderung (Schwerbehindertenausweis mit Merkzeichen „G") im vorliegenden Falle einen Mehrbedarf nach § 30 Abs. 1 Nr. 1 SGB XII verlangen, weil er nicht mehr in der Lage ist, sich ausreichend fußläufig zu bewegen.

Obwohl die Eheleute Eisenmann im vorliegenden Falle ein eigenes Haus besitzen und deshalb keine Miete zahlen, ist der Sozialhilfeträger trotzdem verpflichtet, anstelle der Miete die von den Eheleuten Eisenmann tatsächlich aufgewandten Kosten der Unterkunft zu übernehmen. Im vorliegenden Falle sind dies die Zinslasten, die die Eheleute Eisenmann für das Renovierungsdarlehen aufnehmen mussten. Da die jährlichen Zinslasten sich auf 1.000 EUR belaufen, entfällt auf den Kalendermonat eine monatliche Zinslast von 83,33 EUR. Da dies sicherlich angemessene Unterkunftskosten sind und das Wohnhaus einem kleinen Einfamilienhaus im Sinne von § 90 Abs. 2 Nr. 8 SGB XII entspricht, sind diese Zinslasten als FIKTIVE MIETKOSTEN zu übernehmen. (Anmerkung: Es könnte allenfalls geprüft werden, ob es den Eheleuten Eisenmann nicht zumutbar wäre, durch Untervermietung ein höheres Einkommen zu erzielen; die Einkünfte aus der Untervermietung könnten dann bei der monatlichen laufenden Hilfe in Ansatz gebracht werden.). Auch die mit dem Haus verbundenen notwendigen Nebenkosten von 300 EUR werden übernommen.

Dagegen werden die Tilgungslasten von 400 EUR jährlich = 33,33 EUR monatlich nicht übernommen. Die Übernahme der Tilgungskosten (= die Rückzahlung des Darlehensnennbetrages) würde sonst nämlich dazu führen, dass der Sozialleistungsberechtigte auf Kosten der Allgemeinheit Vermögen bilden könnte. Nur wenn ohne die Tilgung der Verlust des Hauses drohen würde, wäre unter Umständen an eine Übernahme der Tilgung zu denken. Dies ist aber hier nicht ersichtlich.

Die Kosten der Heizung müssen ebenfalls übernommen werden.

Die Kosten für elektrischen Strom werden dagegen nicht zusätzlich finanziert, weil diese Kosten bereits in den Regelsätzen enthalten sind.

Die Rente ist als EINKOMMEN anzurechnen. Bevor endgültig über die Gewährung der laufenden Hilfe zum Lebensunterhalt entschieden wird, ist noch zu prüfen, ob und inwieweit das Vermögen anzurechnen ist. Das von den Eheleuten Eisenmann bewohnte kleine Einfamilienhaus gehört nach § 90 Abs. 2 Nr. 8 SGB XII zum SCHONVERMÖGEN und darf nicht angetastet werden. Es handelt sich um ein kleines Grundstück mit relativ kleiner Wohnfläche und wird nur von den beiden Hilfesuchenden bewohnt. Der Wert des Hauses darf also nicht zu Lasten der Eheleute Eisenmann bei der Sozialhilfegewährung berücksichtigt werden.

Nichtanzurechnen ist ferner auch das SPARGUTHABEN von 12.000 EUR. Nach § 90 Abs. 2 Nr. 9 SGB XII iVm § 1 BarbetrV dürfen die Eheleute Eisenmann als kleineren Barbetrag oder als sonstige Geldwerte eine Summe von 20.000 EUR (je 10.000 EUR pro Person) zurückhalten. Dieser Betrag darf bei der Prüfung der Hilfebedürftigkeit nicht berücksichtigt werden.

VI. Berücksichtigung von Einkommen und Vermögen anderer Personen

EXPERTENTIPP ZUR GESETZLICHEN VERMUTUNG:
Bei Haushaltsgemeinschaften kann die Vermutung der gegenseitigen Unterstützung widerlegt werden. Hierfür sind die leistungsberechtigten Personen aber beweispflichtig.

1. Haushaltsgemeinschaften (§ 39 SGB XII)

Leben Personen gemeinsam mit anderen Personen in einer Wohnung oder in entsprechender anderer Unterkunft zusammen, so wird nach § 39 SGB XII vermutet, dass sie gemeinsam wirtschaften und dass sie sich untereinander auch Leistungen zum Lebensunterhalt gewähren, soweit ihnen dies nach Einkommen und Vermögen möglich ist.

Die Sozialhilfeträger gehen deshalb bei HAUSHALTSGEMEINSCHAFTEN in der Regel so vor, dass bei der Hilfe zum Lebensunterhalt eine gemeinsame Bedarfsberechnung durchgeführt wird und etwaig vorhandenes Einkommen/Vermögen eines Mitglieds der Haushaltsgemeinschaft den übrigen Mitgliedern zugerechnet wird. Nach § 39 S. 2 SGB XII kann jedoch der Nachweis geführt werden, dass im Einzelfalle nicht gemeinsam gewirtschaftet wird oder dass der Leistungsberechtigte von den anderen Personen keine Leistungen zum Lebensunterhalt erhält. Die Beweislast hat der Leistungsberechtigte. Dabei ist an dieser Stelle allerdings besonders darauf hinzuweisen, dass auch bereits die Gewährung von Unterkunft oder Verpflegung eine Unterstützungsleistung darstellt, die es rechtfertigt, zumindest eine Teilanrechnung auf die zu gewährende Hilfe zum Lebensunterhalt vorzunehmen.

§ 39 SGB XII erfasst auch sonstige Wohngemeinschaften. Anders als die Regelung des § 9 Abs. 5 SGB II, der nur auf Haushaltsgemeinschaften mit Verwandten oder Verschwägerten abstellt, bezieht sich § 39 SGB XII auf jede Form der Hausgemeinschaft. Die Vermutung gilt also auch für weitere Personenkreise mit der Folge, dass bis zum Beweis des Gegenteils von einer gemeinsamen Haushaltsführung und von einer wechselseitigen Unterstützung der zusammenlebenden Personen ausgegangen wird. Die Vermutung der Bedarfsdeckung nach § 39 S. 1 SGB XII gilt nicht, wenn die leistungsberechtigten Personen

- schwanger sind oder ein leibliches Kind bis zur Vollendung seines 6. Lebensjahres betreuen und mit ihren Eltern oder einem Elternteil zusammenleben oder
- als Menschen mit Behinderungen leistungsberechtigt in der Eingliederungshilfe (§ 99 SGB IX) oder im Sinne des § 61a SGB XII pflegebedürftig sind und von Personen betreut werden, mit denen diese in Haushaltsgemeinschaft leben; das Gleiche gilt auch dann, wenn eine Behinderung oder Pflegebedürftigkeit einzutreten droht und das gemeinsame Wohnen im Wesentlichen zu dem Zweck der Sicherstellung der Hilfe und Versorgung erfolgt.

2. Eheähnliche oder lebenspartnerschaftsähnliche Gemeinschaft (§ 20 SGB XII)

Personen, die in eheähnlicher oder lebenspartnerschaftsähnlicher Gemeinschaft leben, dürfen hinsichtlich der Voraussetzungen sowie des Umfangs der Sozialhilfe nicht bessergestellt werden als Ehegatten (§ 20 SGB XII). Dies bedeutet, dass ein Mann und eine Frau, die in eheähnlicher Gemeinschaft leben, von den Sozialämtern bei der Berechnung der Hilfe zum Lebensunterhalt so gestellt werden, als wären sie verheiratet. Das

Gleiche gilt für gleichgeschlechtliche Paare, die in einer Beziehung zusammenleben, ohne eine Lebenspartnerschaft nach dem Lebenspartnerschaftsgesetz oder eine Ehe eingegangen zu sein.

Die Konsequenz hieraus ist, dass alle Mitglieder des Haushalts der eheähnlichen Gemeinschaft (die beiden Partner und etwaige Kinder) wie eine Familie betrachtet werden; es wird also eine gemeinsame Bedarfsberechnung durchgeführt und das Einkommen, das gegebenenfalls nur von einem der Partner verdient wird, wird der gesamten Gemeinschaft als Einkommen zugerechnet.

Zusammenfassung:
Bei der Feststellung der Hilfebedürftigkeit ist das erzielte Einkommen und das vorhandene Vermögen grundsätzlich zu beachten. Allerdings gelten auch hier verschiedene Ausnahmen. So werden zB Schmerzensgeldzahlungen, bestimmte Zuwendungen von Wohlfahrtsorganisationen oder von anderen Personen sowie Einnahmen aus nebenberuflichen steuerbegünstigten Tätigkeiten bei der Feststellung der Hilfebedürftigkeit nicht berücksichtigt. Auch das Einkommen aus Ferienjobs von Schülern oder Einkünfte bis 520 EUR im Monat bei jungen Menschen (bis 25 Jahre) in der Ausbildung werden nicht einbezogen. Soweit Einkommen aus selbständiger oder nichtselbständiger Tätigkeit erzielt wird, werden hiervon die Werbungskosten und ein Freibetrag abgezogen. Bei der Anrechnung des Vermögens werden insbesondere folgende Werte nicht berücksichtigt:

- ein selbstbewohntes Haus bzw. Eigentumswohnung,
- ein angemessenes Kraftfahrzeug oder
- ein bestimmter Freibetrag (10.000 EUR bei Volljährigen und alleinstehenden Kindern, ansonsten 500 EUR).

Zu beachten ist, dass bei Haushaltsgemeinschaften und bei eheähnlichen Gemeinschaften auch Einkommen und Vermögen der anderen Personen bei der Prüfung der Hilfebedürftigkeit berücksichtigt werden.

13

Grundsicherung im Alter und bei Erwerbsminderung (§ 41 SGB XII)

Die Grundsicherung im Alter und bei Erwerbsminderung ist eine Leistung für zwei bestimmte Personengruppen, die durch das Lebensalter oder durch eine Erwerbsminderung gekennzeichnet sind. Zuständig für die Grundsicherungsleistung ist der Kreis oder die kreisfreie Stadt (Träger der Sozialhilfe), in dessen Bereich der Antragsberechtigte seinen gewöhnlichen Aufenthalt hat.

Die Grundsicherungsleistung ist ebenfalls einkommens- und vermögensabhängig; es gelten die gleichen Grundsätze wie bei der Hilfe zum Lebensunterhalt, das heißt eigenes Einkommen und Vermögen des jeweiligen Antragstellers sind anspruchsmindernd in der Weise zu berücksichtigen, dass Einkommen und Vermögen nach den allgemeinen sozialhilferechtlichen Grundsätzen von dem Grundsicherungsbedarf in Abzug zu bringen sind. Es werden daher auch Einkommen und Vermögen des mit dem Antragsteller zusammenlebenden Ehegattens, Lebenspartners oder des Partners in einer eheähnlichen bzw. lebenspartnerschaftsähnlichen Gemeinschaft berücksichtigt.

Grundsicherungsleistungen setzen immer einen ANTRAG des Betroffenen voraus (§ 44 Abs. 1 SGB XII).

Antrags- und bezugsberechtigt sind Personen, die das Renteneintrittsalter erreicht haben oder Personen, die das 18. Lebensjahr vollendet haben und die aus medizinischen Gründen unabhängig von der jeweiligen Arbeitsmarktlage dauerhaft VOLL ERWERBSGEMINDERT sind und bei denen unwahrscheinlich ist, dass die volle Erwerbsminderung behoben werden kann. Eine dauerhafte volle Erwerbsminderung liegt vor, wenn jemand dauerhaft nicht mehr mindestens drei Stunden täglich erwerbstätig sein kann.

Die Leistungen der Grundsicherung sind mit den Leistungen der Sozialhilfe deckungsgleich. Jedoch findet die gesetzliche Vermutung des § 39 SGB XII, dass die Mitglieder einer Haushaltsgemeinschaft sich gegenseitig unterstützen, keine Anwendung. Wenn eine leistungsberechtigte Person mit anderen Personen zusammenwohnt, sind deren Einkommens- und Vermögensverhältnisse von vorherein nicht zu berücksichtigen.

Allerdings gelten besondere Regelungen für die Übernahme der UNTERKUNFTSKOSTEN.

So leben die Betroffenen häufig zusammen mit ihrer Familie und haben mit den Angehörigen keinen Mietvertrag abgeschlossen, so dass sie ihre Bedarfe nicht nachweisen können. Daher erhalten sie ihre Bedarfe für Unterkunft in pauschalierter Form gem. § 42a Abs. 3 SGB XII anerkannt, wenn sie in einer Wohnung gemeinsam mit mindestens einem Elternteil, mindestens einem volljährigen Kind oder einem volljährigen Geschwisterkind leben und diese Personen Mieter oder Eigentümer der gesamten Wohnung sind. Der Betrag für die zu übernehmenden Kosten ergibt sich aus der Differenz zwischen den angemessenen Aufwendungen für einen Mehrpersonenhaushalt entsprechend der Anzahl der in der Wohnung lebenden Personen und der Miete für eine Wohnung mit einer um eine Person verringerten Personenzahl.

Beispiel für die Feststellung der Unterkunftskosten:
Frau Meyer erfüllt die Voraussetzungen für den Bezug von Leistungen der Grundsicherung. Sie wohnt bei der Familie ihrer Tochter (Ehemann, Ehefrau und ein Kind) in Paderborn. Ein Mietvertrag besteht nicht. Die angemessene Bruttokaltmiete für einen Vier-Personen-Haushalt beträgt 800 EUR. Dem ist die angemessene Bruttokaltmiete für einen Drei-Personenhaushalt (hier: 600 EUR) gegenüberzustellen. Die Differenz der Mieten beträgt 200 EUR. Daher wird der Betrag von 200 EUR pauschal als Kosten der Unterkunft anerkannt und übernommen.

Soweit aber die leistungsberechtigte Person mit ihren Angehörigen eine vertragliche Regelung über die zu zahlenden Unterkunftskosten abgeschlossen hat, geht dies einer pauschalen Kostenübernahme vor, soweit die vereinbarte Miete angemessen ist. Entsprechendes gilt auch, wenn die leistungsberechtigte Person in einer Wohngemeinschaft lebt und vertraglich zur anteiligen Übernahme der Miete vertraglich verpflichtet ist, § 42a Abs. 4 SGB XII.

Beispiel zur Berechnung der Grundsicherungsleistungen:
Frau Grundmann (66 Jahre) lebt mit ihrem Ehemann in einer 2 ½-Zimmer-Wohnung (65 qm), Kaltmiete 425 EUR, Heizung 50 EUR, Rente 350 EUR. Der Ehemann (63 Jahre) von Frau Grundmann hat eine mtl. Rente von 1.300 EUR. Nur Frau Grundmann beantragt Leistungen der Grundsicherung.

ERLÄUTERUNG:
1. SCHRITT: Bedarfsberechnung für Frau Grundmann

(1) Regelsatz Ehepartner (Stufe 2)	506,00 EUR
(2) ½-Kosten der Unterkunft	212,50 EUR
(3) ½-Kosten Heizung	25,00 EUR
Grundsicherungsbedarf	743,50 EUR
abzüglich Rente	350,00 EUR
Auszahlungsbetrag	393,50 EUR

Herr Grundmann erhält keine Grundsicherung im Sinne von §§ 41 ff. SGB XII, weil nicht ersichtlich ist, dass er erwerbsunfähig ist; er ist im Übrigen erst 63 Jahre alt. Da sein Einkommen anzurechnen ist soweit es über seinem eigenen (fiktiven) Bedarf liegt (§ 43 Abs. 1 SGB XII), muss eine Bedarfskontrollrechnung vorgenommen werden, um zu ermitteln, in welcher Höhe er seine Frau unterstützen kann.

2. SCHRITT: Grundsicherungsbedarfsberechnung für Herrn Grundmann

(1) Regelsatz Ehepartner (Stufe 2)	506,00 EUR
(2) ½ Miete	212,50 EUR
(3) ½ Heizkosten	25,00 EUR
Grundsicherungsbetrag	743,50 EUR
Einkommen Rente	1.300,00 EUR
Grundsicherungsbedarf	743,50 EUR
abzüglich Einkommen	1.300,00 EUR
überschüssiges Einkommen (1.300 EUR – 743,50 EUR = 556,50)	556,50 EUR

Das Einkommen des Ehemannes übersteigt den Grundsicherungsbedarf nach § 42 SGB XII damit um 556,50 EUR. Der übersteigende Betrag ist nach § 43 Abs. 1 SGB XII auf den Grundsicherungsbedarf von Frau Grundmann abzuziehen. Vom Grundsicherungsbedarf der Frau Grundmann (Zahlbetrag) 393,50 EUR wird das überschießende Einkommen des Ehemannes von 556,50 EUR angerechnet. Da dieses den Bedarf übersteigt, erhält Frau Grundmann keine Leistungen. In der Beratung wäre daher den Eheleuten zu empfehlen, einen Antrag auf Wohngeld zu stellen.

Zusammenfassung:
Die Leistungen der Grundsicherung im Alter und bei Erwerbsminderung entsprechen den Leistungen der Sozialhilfe. Bei der Berechnung der Ansprüche sind Einkommen und Vermögen der Partner mit einzubeziehen. Allerdings gelten die Regeln zur Haushaltsgemeinschaft nicht. Wenn ein Leistungsberechtigter mit anderen Personen in einem Haushalt zusammenlebt, findet die Vermutung des gemeinsamen Wirtschaftens und der gegenseitigen Unterstützung keine Anwendung.

Weitere Hilfen zur Unterstützung nach dem SGB XII

Neben den existenzsichernden Leistungen werden im SGB XII weitere Hilfen normiert, die für besondere Lebenssituationen gelten. Auch hier müssen Einkommen und Vermögen des Leistungsberechtigten berücksichtigt werden. Da es sich bei den Hilfen nach den §§ 47–74 SGB XII nicht um die Grundversorgung handelt, sondern um besondere, atypische Situationen, in denen sich der Einzelne befindet, ist der Gesetzgeber bei den weiteren Hilfen nach den §§ 47–74 SGB XII sowohl hinsichtlich der Einkommensanrechnung als auch hinsichtlich der Vermögensanrechnung großzügiger. So gilt zB der doppelte Regelbedarf als Freibetrag (§ 85 Abs. 1 SGB XII). Bei der Vermögensanrechnung gelten die gleichen Grundsätze wie bei der Vermögensanrechnung bei den Hilfen zum Lebensunterhalt. Zu beachten ist aber, dass Personen, die Hilfen zur Pflege erhalten, einen zusätzlichen Betrag bis zu 25.000 EUR besitzen dürfen, der nicht eingesetzt werden muss (§§ 90 Abs. 3 S. 2, 66a SGB XII).

14. Weitere Hilfen zur Unterstützung nach dem SGB XII

I. Hilfe bei Krankheit und Alter

Hier gewährt das SGB XII Leistungen für Personen, die gerade nicht vom Versicherungsschutz umfasst werden. Die Leistungen der Hilfen zur Gesundheit (§§ 47 ff. SGB XII) entsprechen den Leistungen der Krankenversicherung. Die Leistungen der sozialen Pflegeversicherung decken häufig nicht den gesamten Pflegebedarf ab, sodass die Betroffenen diesen aus eigenen Mitteln bestreiten müssen. Soweit sie hierzu nicht in der Lage sind, erhalten Hilfe zur Pflege gemäß §§ 61 ff. SGB XII.

Nach § 71 SGB XII kann Menschen im Alter Altenhilfe gewährt werden. Die Altenhilfe soll dazu beitragen, Schwierigkeiten, die durch das Alter entstehen, zu verhüten, zu überwinden oder zu mildern und alten Menschen die Möglichkeit zu erhalten, am Leben in der Gemeinschaft teilzunehmen. § 71 Abs. 2 SGB XII nennt dabei insbesondere folgende Hilfemaßnahmen:

- Leistungen zu einer Betätigung und zum gesellschaftlichen Engagement,
- Leistungen bei der Beschaffung und zur Erhaltung einer Wohnung, die den Bedürfnissen des alten Menschen entspricht,
- Beratungsleistungen,
- Leistungen zum Besuch von Veranstaltungen oder Einrichtungen, die der Geselligkeit, der Unterhaltung, der Bildung oder den kulturellen Bedürfnissen alter Menschen dienen,
- Leistungen, die alten Menschen die Verbindung mit nahestehenden Personen ermöglichen.

Zu beachten ist, dass es sich bei der Altenhilfe lediglich um ergänzende Maßnahmen handelt. Altenhilfe soll ohne Rücksicht auf vorhandenes Einkommen oder Vermögen geleistet werden, soweit im Einzelfall Beratung und Unterstützung erforderlich sind.

II. Hilfe zur Überwindung besonderer sozialer Schwierigkeiten (§ 67 SGB XII)

Personen, bei denen besondere Lebensverhältnisse mit sozialen Schwierigkeiten verbunden sind, erhalten Leistungen zur Überwindung dieser Schwierigkeiten. Voraussetzung ist, dass sie aus eigener Kraft die Problemlagen nicht beseitigen können. In § 1 der Durchführungsverordnung zu § 69 SGB XII (DVO § 69 SGB XII) wird dies näher konkretisiert. Besondere Lebensverhältnisse bestehen bei einer fehlenden Wohnung, bei ungesicherten wirtschaftlichen Verhältnissen, bei gewaltgeprägten Umständen, bei der Entlassung aus einer geschlossenen Einrichtung oder bei vergleichbaren Umständen (§ 1 Abs. 2 DVO § 69 SGB XII).

Soziale Schwierigkeiten sind zu bejahen, soweit die soziale Partizipation wesentlich eingeschränkt ist. Dies kann eine Ursache im ausgrenzenden Verhalten des Hilfesuchenden oder anderer Personen haben. In dieser Lage besteht ein Anspruch der betroffenen Person auf Hilfe zur Überwindung der besonderen sozialen Schwierigkeiten. Zu beachten ist der Vorrang von anderen Leistungen nach dem SGB XII, SGB IX und SGB VIII.

Beispiel für eine Hilfsangebot nach § 67 SGB XII:
Herr A. ist seit mehreren Jahren alkoholkrank und obdachlos. Er hat nunmehr die Möglichkeit in einer stationären Einrichtung eines freien Trägers zu leben, wo er durch Fachkräfte betreut wird. Die dadurch anfallenden Kosten werden durch § 67 SGB XII abgedeckt.

Das Ziel der Leistungen ist es, den Hilfesuchenden zur Selbsthilfe zu befähigen und die Teilnahme am sozialen Leben zu ermöglichen. Neben der Beratung und persönlichen Unterstützung gehören zu den Hilfen insbesondere Maßnahmen zur Erhaltung und Beschaffung einer Wohnung, Maßnahmen zur Erlangung einer Beschäftigung und Maßnahmen zum Ausbau sozialer Beziehungen. Bedeutung haben hier auch die Bereitstellung von Wohnmöglichkeiten durch betreute Wohnformen, die Bereitstellung von Arbeitsgelegenheiten nebst umfassender Begleitung und die Vermittlung von Kompetenzen zur Alltagsgestaltung.

III. Hilfe zur Weiterführung des Haushalts (§ 70 SGB XII)

PERSONEN mit eigenem Haushalt soll Hilfe zur Weiterführung des Haushalts gewährt werden, wenn weder sie selbst noch andere Haushaltsangehörigen den Haushalt führen können und die Weiterführung des Haushalts geboten ist. Diese Hilfe setzt voraus, dass die Fortführung des Haushalts nicht möglich oder zumutbar ist und die Auflösung des Haushalts droht. Die Hilfe ist in der Regel nur vorübergehend zu gewähren (die Obergrenze dürfte bei einem halben Jahr liegen). Wenn durch sie die Unterbringung in einer stationären Einrichtung vermieden oder verzögert werden kann, kann auch über lange Zeiträume Hilfe nach § 70 SGB XII gewährt werden.

Der Hilfe zur Weiterführung des Haushalts liegt als gesetzlicher Leitgedanke zu Grunde, dass im Haushalt eine Mehrzahl von Personen lebt, die auf die Haushaltsführung einer anderen Person angewiesen sind, die vorübergehend (Krankheit, Wochenbett, Kur etc.) ausfällt. Maßnahmen der Hilfe sind die persönliche Betreuung der Haushaltsangehörigen (Beköstigung und Beaufsichtigung der Kinder sowie alle sonstigen zur Haushaltsführung gehörenden Maßnahmen, wie zB Waschen, Reinigung der Wohnung und Einkaufen).

IV. Blindenhilfe, § 72 SGB XII

Nach § 72 Abs. 1 SGB XII ist blinden Menschen zum Ausgleich der durch Blindheit bedingten Mehraufwendungen Blindenhilfe zu gewähren, soweit sie keine gleichartigen Leistungen nach anderen Rechtsvorschriften erhalten. Blindenhilfe wird ohne Rücksicht auf einen im Einzelfall nachzuweisenden Bedarf gezahlt. Sie ist damit eine Pauschalleistung.

V. Hilfe in sonstigen Lebenslagen, § 73 SGB XII

Sozialhilfe kann – als Auffangtatbestand – auch in anderen, gesetzlich nicht geregelten Lebenslagen gewährt werden, wenn sie den Einsatz öffentlicher Mittel rechtfertigen. Denkbar wäre die Übernahme von Dolmetscherkosten im Kontext der Durchführung einer Psychotherapie. Es handelt sich bei § 73 SGB XII um eine „Kann"-Bestimmung; der Hilfesuchende hat keinen zwingenden Rechtsanspruch auf die Hilfe.

VI. Bestattungskosten, § 74 SGB XII

Nach § 74 SGB XII sind die erforderlichen Kosten einer Bestattung zu übernehmen, soweit dem hierzu Verpflichteten nicht zugemutet werden kann, die Kosten zu tragen. Dieser ist Adressat der Regelung. Als erforderliche Kosten einer Bestattung gelten die Kosten für ein Erdbegräbnis oder für eine Feuer- oder Seebestattung in einfacher, aber würdiger Art. Die Form der Bestattung wird von den Angehörigen bestimmt. Die Kosten der laufenden Grabpflege, Todesanzeigen und Danksagungen werden vom Sozialhilfeträger nicht übernommen. Die Übernahme der Kosten ist dem Verpflichteten (etwa dem Erben, dem Unterhaltspflichtigen oder dem nach öffentlich-rechtlichen Vorschriften Bestattungspflichtigen, wie nahe Verwandte) zuzumuten, wenn die Kosten aus dem Nachlass bestritten werden können oder der Verpflichteten auf Grund seines eigenen Einkommens und Vermögens die Kosten tragen kann.

Zusammenfassung:
Die Sozialhilfe umfasst auch Leistungen, die die besonderen Lebenslagen von Menschen und die daraus resultierenden Bedarfe absichern. Dazu zählen

- die Hilfe bei Krankheit und Alter,
- die Hilfe zur Überwindung besonderer sozialer Schwierigkeiten,
- die Hilfe zur Weiterführung des Haushaltes,
- die Blindenhilfe,
- die Hilfe in sonstigen Lebenslagen und
- die Übernahme von Bestattungskosten.

15

Rückforderung von Sozialhilfeleistungen

Aus dem Bedarfsdeckungsprinzip folgt, dass die Sozialhilfe eine gegenwärtig bestehende Notlage des Hilfesuchenden abdecken will. Da die Sozialhilfe nach § 1 S. 2 SGB XII den Leistungsberechtigten so weit wie möglich befähigen soll, unabhängig von ihr zu leben, folgt hieraus ferner, dass die Sozialhilfe keine Hypothek für die Zukunft werden soll. Es ist deshalb ein Grundsatz des Sozialhilferechts, dass eine Rückzahlung von Sozialhilfeleistungen in der Regel ausgeschlossen ist. Von diesem Grundsatz gibt es aber eine Reihe von Ausnahmen.

15. Rückforderung von Sozialhilfeleistungen

I. Kostenersatz durch Erben, § 102 SGB XII

EXPERTENTIPP FÜR INANSPRUCHNAHME DER ERBEN:
Da auch bei der Sozialhilfe bestimmte Vermögenswerte nicht eingesetzt werden müssen, könnten diese später vererbt werden. Daher gibt es einen Anspruch auf Kostenersatz gegen die späteren Erben. Dies ist bei der Annahme des Erbes zu beachten.

Da der Gesetzgeber durch die Vorschrift des § 90 Abs. 2 SGB XII dem Leistungsberechtigten in vielen Fällen Teile seines Vermögens als Schonvermögen belässt, hat sich der Gesetzgeber entschlossen, in § 102 SGB XII eine Vorschrift zu schaffen, mit der der Erbe der leistungsberechtigten Person oder der Erbe ihres zuvor verstorbenen Ehegatten bzw. Lebenspartners verpflichtet werden kann, die rechtmäßig gezahlte Sozialhilfe zu erstatten. Die Einbeziehung der Erben des vorverstorbenen Ehepartners/Lebenspartners ist damit zu rechtfertigen, dass dieser mit der leistungsberechtigten Person bei einem Zusammenleben eine Einsatzgemeinschaft darstellten und daher das Vermögen füreinander einzusetzen hatten. Der Kostenersatz durch den Erben ist allerdings an eine Reihe von VORAUSSETZUNGEN und EINSCHRÄNKUNGEN geknüpft:

- Die Ersatzpflicht besteht nur für die Kosten der Sozialhilfe, die innerhalb eines ZEITRAUMES VON 10 JAHREN vor dem Erbfall zu Gunsten des Leistungsberechtigten aufgewandt worden sind. Außerdem müssen die gezahlten Sozialhilfeleistungen das Dreifache des Grundbetrages nach § 85 Abs. 1 SGB XII überschreiten.
- Die Ersatzpflicht des Erben des Ehegatten beziehungsweise des Lebenspartners des Leistungsberechtigten besteht nicht für die Kosten der Sozialhilfe, die während des Getrenntlebens der Ehegatten oder Lebenspartners gewährt wurde.
- Die Ersatzpflicht des Erben gehört zu den Nachlassverbindlichkeiten. Der Erbe haftet mit dem Wert des Nachlasses, wie er zum Zeitpunkt des Erbfalles vorhanden war (§ 102 Abs. 2 SGB XII).
- Ein Anspruch auf Kostenersatz ist nicht geltend zu machen,
  - wenn der Wert des Nachlasses unter dem Dreifachen des Grundbetrags nach § 85 Abs. 1 SGB XII (= sechsfacher Regelbedarf der Stufe 1). Für 2024 beläuft sich der Wert auf 3.378 EUR,
  - soweit der Wert des Nachlasses unter einem Betrag von 15.340 EUR liegt, wenn der Erbe als Ehegatte, Lebenspartner oder Verwandter mit dem Leistungsberechtigten nicht nur vorübergehend bis zu dessen Tod in häuslicher Gemeinschaft gelebt und ihn gepflegt hat, oder
  - soweit die Inanspruchnahme des Erben nach der Besonderheit des Einzelfalles eine besondere Härte bedeuten würde.

Beispiel für das Vorliegen einer besonderen Härte:
Frau A hat ihren Lebensgefährten bis zu seinem Tod versorgt. Sie ist auch zu ihm in seine Eigentumswohnung (60 qm) gezogen. Im Testament ist Frau A, die ebenfalls Leistungen des SGB XII erhält, als Alleinerbin eingesetzt worden. Die geerbte Eigentumswohnung, die von hier bewohnt wird, würde auch für sie als Schonvermögen gemäß § 90 Abs. 2 Nr. 8 SGB XII anzusehen sein.

Der Kostenersatz für Erben gilt aber nicht für Leistungen der Grundsicherung im Alter und bei Erwerbsminderung (§ 102 Abs. 5 SGB XII).

II. Kostenersatz bei schuldhaftem Verhalten, § 103 SGB XII

In Einzelfällen kommt es vor, dass sich Sozialleistungsberechtigte oder dritte Personen durch ihr vorsätzliches oder grob fahrlässiges Verhalten die Voraussetzungen für eine rechtmäßige Gewährung von Sozialhilfe verursachen. Dann besteht die Verpflichtung zum Kostenersatz. Dies wäre der Fall, wenn eine nichterwerbsfähige Person einen geerbten höheren Geldbetrag nicht für ihren Lebensunterhalt zurücklegt und einsetzt, sondern das Erbe in dem Wissen verprasst, künftig dadurch sozialhilfebedürftig zu werden.

Ferner besteht eine Kostenersatzpflicht der leistungsberechtigten Person oder auch ihres Vertreters, wenn sie die Rechtswidrigkeit des Bescheides, der die Leistung begründet, kennen oder ihre Unkenntnis auf grobe Fahrlässigkeit beruht (§ 103 Abs. 1 S. 2 SGB XII).

Nach § 103 Abs. 1 S. 3 SGB XII besteht die Möglichkeit, im Einzelfall auf die Heranziehung in Härtefällen zu verzichten.

III. Rückforderung bei zu Unrecht erbrachten Leistungen der Sozialhilfe

1. Rückforderung
Die Erstattung von zu Unrecht erbrachten Leistungen durch den Leistungsberechtigten ist vorrangig in den §§ 45, 50 SGB X geregelt.

Während es sich vorstehend überwiegend um Tatbestände handelt, in denen rechtmäßigerweise Sozialhilfe gewährt wurde, gibt es auch noch die Fälle, in denen fälschlicherweise ganz oder teilweise Sozialhilfeleistungen erbracht wurden, obwohl die Voraussetzungen für die Gewährung von Sozialhilfe nicht vorlagen. Hier kann der Träger der Sozialhilfe die zu Gunsten des Leistungsberechtigten ergangenen Sozialhilfebescheide nach § 45 SGB X zurücknehmen und in Verbindung mit § 50 SGB X die Rückzahlung der zu Unrecht erbrachten Leistungen verlangen.

Allerdings bestimmt § 45 Abs. 2 SGB X, dass ein Sozialhilfebescheid, der zu Gunsten eines Leistungsberechtigten ergangen ist, dann nicht zurückgenommen werden darf, wenn der Begünstigte auf den Bestand des Verwaltungsaktes vertraut hat und sein Vertrauen unter Abwägung mit dem öffentlichen Interesse an einer Rücknahme schutzwürdig ist. Das Gesetz sieht das Vertrauen des Leistungsberechtigten in der Regel dann als schutzwürdig an, wenn der Leistungsberechtigte erbrachte Leistungen verbraucht hat oder eine Vermögensdisposition getroffen hat, die er nicht mehr oder nur unter unzumutbaren Nachteilen rückgängig machen kann. Bei Sozialleistungsberechtigten wird man in aller Regel davon ausgehen dürfen, dass diese Leistungen verbraucht wurden. Das Vertrauen des Sozialleistungsberechtigten auf die Rechtmäßigkeit des Sozialhilfebescheides ist deshalb in der Regel schutzwürdig. Der VERTRAUENSSCHUTZ ist aber ausgeschlossen ist, wenn

- der Sozialleistungsberechtigte den Sozialhilfebescheid durch arglistige Täuschung (Betrug), Drohung (Erpressung) oder Bestechung erwirkt hat oder
- der Sozialhilfebescheid auf Angaben beruht, die der Sozialleistungsberechtigte vorsätzlich oder grob fahrlässig in wesentlicher Beziehung unrichtig oder unvollständig gemacht hat oder
- wenn der Sozialleistungsberechtigte die Rechtswidrigkeit des Bescheides kannte oder infolge grober Fahrlässigkeit nicht kannte. Grobe Fahrlässigkeit liegt vor allem dann vor, wenn der Sozialleistungsberechtigte die erforderliche Sorgfalt in besonders schwerem Maße verletzt hat.

Ein Vertrauensschutz liegt zB nicht vor, wenn der Bescheid auf vorsätzlich oder grob fahrlässig falschen Angaben des Leistungsberechtigten zu den Einkommens- und Vermögensverhältnissen beruht. Von einem Vertrauensschutz kann auch ferner nicht ausgegangen werden, wenn der Fehler aus dem Bescheid ohne große Anstrengungen erkennbar ist.

Anzumerken ist, dass der Vertreter der leistungsberechtigten Person gemäß §103 Abs. 1 S. 2 ebenfalls zum Kostenersatz herangezogen wird, wenn bei ihm Kenntnis oder grob fahrlässige Unkenntnis bezüglich der Rechtswidrigkeit des Bescheides gegeben ist.

Beispiel für den fehlenden Vertrauensschutz:
Die Höhe der gezahlten Bezüge weicht in exorbitanter Weise von dem vorausgegangenen Bescheid, ohne dass hierfür ein triftiger Grund ersichtlich wäre, ab. Wenn in einem neuen Bescheid gegenüber der früheren Regelung plötzlich die doppelte Leistung gewährt wird, muss ein Leistungsberechtigter bei einer verständigen Würdigung der Situation zumindest Zweifel an der Richtigkeit des Bescheides haben und daher bei der Behörde nachfragen. Unterlässt er dies, beruht seine Unkenntnis auf grobe Fahrlässigkeit. Ein Vertrauensschutz ist folglich nicht gegeben.

2. Kostenersatz durch andere Personen
Nach §104 SGB XII kann auch derjenige zum Kostenersatz herangezogen werden, der durch sein vorsätzliches oder grob fahrlässiges Verhalten dazu beigetragen hat, dass der Sozialhilfeträger zu Unrecht Leistungen gegenüber dem Leistungsberechtigten erbracht hat. Damit sollen insbesondere die Fälle erfasst werden, in denen der Leistungsberechtigte nicht selbst handelt, sondern von seinem gesetzlichen Vertreter wie Eltern, Vormund, gesetzlicher Betreuer oder einem Bevollmächtigten vertreten wird. Der Erstattungspflichtige nach §50 SGB X und der Veranlasser der zu Unrecht erbrachten Leistung haften nach §104 S. 2 SGB XII als Gesamtschuldner.

IV. Kostenersatz bei Doppelleistungen, §105 SGB XII

Mit der Vorschrift des §105 SGB XII ist eine Regelungslücke zur Verhinderung des Doppelbezuges von Sozialleistungen geschlossen worden. Danach sind Leistungsberechtigte zur Herausgabe des Erlangten an den Träger der Sozialhilfe verpflichtet, wenn ein vorrangig Leistungsverpflichteter in Unkenntnis der Leistung des Trägers der Sozialhilfe zusätzlich an die leistungsberechtigte Person geleistet hat (§105 SGB XII).

V. Rückforderung bei Darlehen

EXPERTENTIPP ZUM DARLEHENSANGEBOT:
Der Hilfesuchende sollte sich bei Darlehensvertragsangeboten seitens des Sozialhilfeträgers sorgfältig überlegen, ob er hierauf eingeht oder ob er nicht besser wegen der Verweigerung einer Beihilfe, die nicht zurückgezahlt werden muss, die Gerichte anruft.

Da die Sozialhilfeträger Sozialhilfeleistungen in Einzelfällen nicht nur als Beihilfe, sondern auch im Darlehenswege gewähren können (siehe zB § 38 SGB XII: Sozialhilfe bei vorübergehender Notlage), kann der Sozialhilfeträger natürlich auch bei einer darlehensweisen Gewährung zu einem späteren Zeitpunkt – nach Behebung der Notlage – die Darlehensbeträge zurückverlangen. In einem solchen Falle ist die Rechtsgrundlage für die Rückforderung der gewährten Leistungen der zwischen dem Sozialhilfeträger und dem Hilfesuchenden abgeschlossene Darlehensvertrag oder der entsprechende Bewilligungsbescheid des Trägers.

VI. Aufrechnung

Sofern der Sozialhilfeträger seinerseits Rückforderungsansprüche (zB wegen zu Unrecht erhaltener Zahlungen) oder Kostenersatzansprüche nach §§ 103 und 104 SGB XII gegenüber dem Sozialleistungsberechtigten hat, kann er mit seinen Gegenforderungen gegenüber der laufenden Sozialhilfeleistung aufrechnen, also die Ansprüche verrechnen (§ 26 Abs. 2 SGB XII). Auch hier gilt für den Aufrechnungsbetrag die Grenze von 30 % des Regelsatzes der Stufe 1. Der Regelsatz des betreffenden Hilfesuchenden darf also maximal um bis zu 30 % der Regelbedarfsstufe 1 im Wege der Aufrechnung gekürzt werden (§ 26 Abs. 2 SGB XII). Die Aufrechnungsmöglichkeit wegen eines konkreten Anspruches des Sozialhilfeträgers ist allerdings auf einen Zeitraum von drei Jahren beschränkt. Danach kann nur mit einem neuen Anspruch des Sozialhilfeträgers eine weitere Aufrechnung durchgeführt werden. Die Aufrechnung kann auch dann erklärt werden, wenn nicht nur die leistungsberechtigte Person, sondern wenn ihr Vertreter durch vorsätzlich oder grob fahrlässig unrichtige oder unvollständige Angaben oder durch pflichtwidriges Unterlassen die Leistung veranlasst hat oder wenn es sich um Ansprüche auf Kostenersatz nach den §§ 103 und 104 SGB XII handelt.

Zusammenfassung:
Auch wenn die Leistungen des SGB XII grundsätzlich nicht wieder zurückgezahlt werden müssen, gibt es dennoch verschiedene Konstellationen, in denen dies möglich ist. So sind Erben verpflichtet, die für die letzten zehn Jahre vor dem Erbfall erbrachten Leistungen zu ersetzten. Hierfür haftet der Erbe mit dem vorhandenen Nachlass (früheres Schonvermögen des Verstorbenen). Ferner besteht die Pflicht zum Kostenersatz bei einem schuldhaften Verhalten, welches zur Hilfebedürftigkeit geführt hat. Schließlich sind zu Unrecht erhaltene Leistungen zurückzuzahlen, wenn diesbezüglich kein Vertrauensschutz aufseiten des Empfängers vorliegt.

16

Überleitung von Ansprüchen gegenüber Dritten im SGB XII

Die Leistungen der Sozialhilfe müssen zeitnah und zügig erbracht werden, damit die existentiellen Bedarfslagen abgedeckt werden. In vielen Fällen bestehen vielleicht vorrangige Hilfeoptionen, die von den nachfragenden Personen nicht sofort genutzt werden können. Soweit Hilfen nach dem SGB XII erbracht werden, können Sozialhilfeträger gegenüber den vorrangig zur Leistung Verpflichteten die Kosten geltend machen. Im Folgenden wird die damit verbundene Überleitung von Ansprüchen, insbesondere von Unterhaltsansprüchen erläutert.

16. Überleitung von Ansprüchen gegenüber Dritten im SGB XII

I. Überleitung von Ansprüchen, § 93 SGB XII

Der Sozialhilfeträger kann nach § 93 SGB XII Ansprüche, die die leistungsberechtigte Person Dritten gegenüber hat, durch schriftliche Anzeige an diesen Dritten auf sich überleiten, so dass der Anspruch bis zur Höhe der Aufwendungen des Sozialhilfeträgers übergeht. Dann können die überleiteten Ansprüche direkt gegenüber der verpflichteten Person geltend gemacht und auch eingeklagt werden. Dies gilt zB für vertragliche Zahlungsansprüche, Schadensersatzansprüche oder erbrechtliche Ansprüche. Ein Schmerzensgeldanspruch hingegen ist von der Überleitung ausgeschlossen, da dieser nicht als Einkommen zu berücksichtigen ist (§ 83 Abs. 2 SGB XII) und auch der spätere Einsatz als Vermögenswert eine Härte nach § 90 Abs. 3 SGB XII darstellt.

Von Bedeutung ist hier insbesondere ein etwaiger Anspruch auf Rückforderung von Schenkungen wegen Verarmung gemäß § 528 BGB. Nach dieser Vorschrift kann der Schenker von dem Beschenkten die Herausgabe des Geschenkes nach den Vorschriften über die Herausgabe einer ungerechtfertigten Bereicherung (§§ 812 ff. BGB) fordern, wenn er nach Vollziehung der Schenkung außerstande ist, seinen angemessenen Unterhalt zu bestreiten oder seine Unterhaltsverpflichtungen zu erfüllen.

Der Rückforderungsanspruch des Schenkers ist ausgeschlossen, wenn bei Eintritt der Bedürftigkeit seit der Schenkung bereits mehr als zehn Jahre verstrichen sind. Eine Rückforderung ist darüber hinaus ausgeschlossen, wenn der Beschenkte geltend machen kann, durch das Geschenk nicht mehr bereichert zu sein (beispielsweise bei Verbrauch der Schenkung).

Beispiel zur Schenkung:
Frau F. hat ihrer Tochter 20.000 EUR geschenkt. Das Geld hat die Tochter für mehrere Urlaubsreisen, die sie sich sonst hätte nicht leisten können, verbraucht. Sie ist daher auch nicht mehr bereichert. Eine Rückforderung der Schenkung scheidet deshalb aus.

II. Übergang von Unterhaltsansprüchen, § 94 SGB XII

Nach § 94 SGB XII gehen UNTERHALTSANSPRÜCHE, die der Leistungsberechtigte gegenüber Personen hat, die nach dem bürgerlichen Recht unterhaltspflichtig sind, automatisch von Gesetzes wegen auf den Träger der Sozialhilfe bis zur Höhe der geleisteten Aufwendungen über.

Dies gilt nach § 94 Abs. 3 SGB XII nicht, wenn die unterhaltspflichtige Person selbst berechtigt sein würde, Leistungen der Hilfe zum Lebensunterhalt in Anspruch zu nehmen oder wenn der Übergang des Anspruchs eine unbillige Härte für den Betreffenden bedeuten würde. Der Übergang des Anspruchs ist ferner ausgeschlossen, soweit der Unterhaltsanspruch durch laufende Zahlungen erfüllt wird.

Der Übergang des Anspruchs ist auch ausgeschlossen, wenn die unterhaltspflichtige Person mit der leistungsberechtigten Person vom 2. Grad (zB Großeltern im Verhältnis zu den Enkelkindern) an verwandt ist (siehe § 94 Abs. 1 SGB XII). Gleiches gilt für Unterhaltsansprüche gegen Verwandte 1. Grades von einer Person, die schwanger ist oder ihr leibliches Kind bis zur Vollendung seines 6. Lebensjahres betreut.

EXPERTENTIPP ZUR EINGESCHRÄNKTEN ÜBERLEITUNG VON UNTERHALTSANSPRÜCHEN: Die Unterhaltsverpflichteten werden erst ab einem Jahreseinkommen von 100.000 EUR wegen Unterhaltsansprüche von Kindern/Eltern vom Sozialhilfeträger in Anspruch genommen.

Ein großes Problem stellte der Anspruchsübergang von in Pflegeeinrichtungen lebenden Eltern gegenüber ihren volljährigen Kindern dar. Diese waren häufig in einer Familienphase, in der sie selbst eigene Kinder zu versorgen hatten. In dieser Situation bedeutete der Übergang von Unterhaltsansprüchen eine zusätzliche Belastung. Die früher nur für die Grundsicherung im Alter und bei Erwerbsminderung geltende Regelung, dass Unterhaltsansprüche erst ab einem Jahreseinkommen von 100.000 EUR bei den Kindern/Eltern der Leistungsberechtigten berücksichtigt und übergeleitet werden, ist mit Einführung des § 94 Abs. 1a SGB XII auf die Leistungen der Sozialhilfe ausgedehnt worden.

Unterhaltsansprüche der Leistungsberechtigten gegenüber ihren Kindern und Eltern bleiben nunmehr UNBERÜCKSICHTIGT, soweit deren jährliches Gesamteinkommen 100.000 EUR nicht überschreitet. Letztlich dürfte damit ein Rückgriff der Sozialleistungsträger auf Kinder und Eltern der Leistungsberechtigten nunmehr überwiegend ausscheiden.

Nach § 94 Abs. 1a S. 3 SGBXII gilt zunächst die VERMUTUNG, dass das Einkommen der unterhaltsverpflichteten Personen die 100.000 EUR-Grenze nicht übersteigt. Damit entfällt für die Sozialhilfeträger ein erheblicher Aufwand bei der Einkommensermittlung. Liegen hinreichende Anhaltpunkte für ein Überschreiten dieser Einkommensgrenze vor, besteht für die Unterhaltspflichten und deren Ehegatten/Lebenspartner die Verpflichtung zur Auskunft nach § 117 SGB XII. Dazu gehört auch die Pflicht zur Vorlage von Kontoauszügen oder sonstigen Urkunden.

Wird im Ergebnis die Einkommensgrenze überschritten, hat der Sozialhilfeträger den konkreten Unterhaltsanspruch zu ermitteln. Hierbei wird auch das Vermögen der unterhaltspflichtigen Person miteinbezogen.

Zusammenfassung:
Die Träger der Sozialhilfe haben die gesetzliche Möglichkeit, Ansprüche der Leistungsempfänger gegen andere Personen selbst direkt geltend zu machen, wenn Leistungen nach dem SGB XII erbracht werden. Von Bedeutung sind hier der Rückforderungsanspruch wegen Verarmung des Schenkers und der Anspruch auf Verwandtenunterhalt. Allerdings gibt es Grenzen. Nach einer Frist vom zehn Jahren müssen Schenkungen nicht erstattet werden. Ferner wird ein Anspruch auf Verwandtenunterhalt nicht berücksichtigt, wenn der Unterhaltsverpflichtete über ein Jahreseinkommen von unter 100.000 EUR verfügt.

17

Verwaltungsverfahren und Rechtsmittel

Abschließend wird das Verwaltungsverfahren erläutert, welches der Leistungsgewährung zugrunde liegt. Dargestellt werden auch die verschiedenen Mitwirkungspflichten und die Möglichkeiten zur Überprüfung von Behördenentscheidungen.

17. Verwaltungsverfahren und Rechtsmittel

I. Verwaltungsverfahren

Das Verwaltungsverfahren richtet sich nach den SGB I und SGB X. Sachlich zuständig sind die örtlichen Sozialhilfeträger, das heißt, die kreisfreien Städte, Landkreise, soweit nicht den Gemeinden im Einzelfall die Sozialhilfeaufgaben übertragen worden sind.

Örtlich zuständig ist der Sozialhilfeträger, in dessen Bereich sich der Hilfesuchende tatsächlich aufhält (§ 98 Abs. 1 S. 1 SGB XII). Wendet sich der Sozialleistungsberechtigte an einen unzuständigen Sozialhilfeträger, so ist dieser verpflichtet, den zuständigen Träger der Sozialhilfe unverzüglich zu informieren und etwaig vorhandene Unterlagen zu übersenden (§ 18 Abs. 2 SGB XII).

Der Sozialhilfeträger ist wie alle sozialen Leistungsträger verpflichtet, die Hilfesuchenden im Rahmen seiner Zuständigkeit über alle Rechte und Pflichten nach dem Sozialhilfegesetz aufzuklären (§ 13 SGB I), Auskünfte zu erteilen und – soweit gewünscht – eine Beratung durchzuführen (§ 11 Abs. 2 S. 1 SGB XII, §§ 14, 15 SGB I).

EXPERTENTIPP ZUR MITWIRKUNG IM VERWALTUNGSVERFAHREN: Es bestehen vielfältige Mitwirkungspflichten. Wenn hiergegen verstoßen wird, droht eine Ablehnung der Leistungen.

Die Gewährung von Sozialhilfeleistungen zum Lebensunterhalt (mit Ausnahme von Grundsicherungsleistungen) setzt nach dem Wortlaut des Gesetzes (§ 18 SGB XII) nicht voraus, dass der Sozialleistungsberechtigte einen förmlichen Antrag gestellt hat; es ist ausreichend, wenn dem Träger der Sozialhilfe oder den von ihm beauftragten Stellen bekannt wird, dass die Voraussetzungen für die Gewährung von Sozialhilfe vorliegen. Der Sozialhilfeträger muss dann von Amts wegen die Hilfe leisten.

Der Sozialleistungsberechtigte ist zur Mitwirkung verpflichtet. Nach § 60 Abs. 1 SGB I ist der Sozialleistungsberechtigte verpflichtet,

- alle Tatsachen anzugeben, die für die Leistung erheblich sind und auf Verlangen des zuständigen Leistungsträgers der Erteilung der erforderlichen Auskünfte durch Dritte zuzustimmen (zB Befreiung der Hausbank vom Bankgeheimnis),
- Änderungen in den Verhältnissen, die für die Leistung erheblich sind oder über die im Zusammenhang mit der Leistung Erklärungen abgegeben wurden, unverzüglich mitzuteilen und

- Beweismittel zu bezeichnen und auf Verlangen des zuständigen Sozialhilfeträgers Beweisurkunden vorzulegen oder ihrer Vorlage zuzustimmen.

Der Sozialhilfeträger ist darüber hinaus berechtigt zu verlangen, dass der Leistungsberechtigte zu einer mündlichen Erörterung des Antrages persönlich auf der Dienststelle erscheint. Der Leistungsberechtigte ist verpflichtet, sich auf Verlangen des zuständigen Leistungsträgers ärztlichen und psychologischen Untersuchungsmaßnahmen zu unterziehen, soweit diese für die Entscheidung über die Leistung erforderlich sind.

Die vorstehenden Mitwirkungspflichten erfüllt der Sozialleistungsberechtigte in der Regel mit der Ausfüllung der vom Sozialhilfeträger vorgegebenen Formulare, in denen sehr umfassende Erklärungen vom Sozialleistungsberechtigten verlangt werden.

Weigert sich der Sozialleistungsberechtigte, die erforderliche Mitwirkung vorzunehmen, so kann der Sozialhilfeträger die Leistungen ganz oder teilweise versagen beziehungsweise entziehen, wenn hierdurch die Sachverhaltsermittlung erschwert wird (§ 66 Abs. 1 SGB I). Der Sozialhilfeträger muss den Sozialleistungsberechtigten allerdings vorher auf diese Folge schriftlich hingewiesen haben und ihm eine angemessene Frist einräumen, innerhalb derer er seiner Mitwirkungspflicht nachkommen kann (§ 66 Abs. 3 SGB I).

II. Rechtsmittel

Der Sozialhilfeträger ist verpflichtet, Anträge eines Leistungsberechtigten schriftlich zu bescheiden. Bleibt der Sozialhilfeträger untätig oder reagiert er mit schleppender Abwicklungsweise, so kann der Sozialleistungsberechtigte im Einzelfall in eine Notsituationen geraten. Der Sozialleistungsberechtigte kann in diesen Fällen bei den Sozialgerichten Untätigkeitsklage erheben und darüber hinaus im Wege der einstweiligen Anordnung nach § 86b des Sozialgerichtsgesetzes (SGG) beantragen, zur vorläufigen Sicherstellung des Lebensunterhalts als Eilmaßnahme eine einstweilige Regelung zu treffen.

Ähnlich ist zu verfahren, wenn der Sozialhilfeträger den geltend gemachten Antrag ablehnt. In diesem Falle kann der Sozialleistungsberechtigte zunächst gegen den Ablehnungsbescheid WIDERSPRUCH einlegen. Der Widerspruch ist INNERHALB EINES MONATS NACH BEKANNTGABE des ablehnenden Bescheids schriftlich bei der Ausgangsbehörde einzulegen und nach Möglichkeit zu begründen. Die Sozialhilfeträger sind aber auch verpflichtet, einem bei der Behörde persönlich vorsprechenden Hilfesuchenden bei der Formulierung des Widerspruchs behilflich zu sein (sogenannte Niederschrift).

Nach nochmaliger Überprüfung der Sach- und Rechtslage erlässt die Behörde einen WIDERSPRUCHSBESCHEID. Fällt der Widerspruchsbescheid negativ aus, kann gegen den Widerspruchsbescheid INNERHALB EINES MONATS NACH SEINER ZUSTELLUNG schriftlich oder zur Niederschrift des Urkundsbeamten der Geschäftsstelle des zuständigen Sozialgerichts KLAGE erhoben werden.

Wird kein Widerspruch eingelegt, wird der Ablehnungsbescheid rechtskräftig und verbindlich. Da der Widerspruch nur den Effekt hat, dass der Ablehnungsbescheid noch nicht rechtskräftig wird und die Behörde anschließend den gesamten Sachverhalt in tatsächlicher und rechtlicher Hinsicht noch einmal überprüfen muss, kann es auch nach Einlegung eines Widerspruchs zu Notsituationen des Leistungsberechtigten kommen; auch in diesem Fall empfiehlt sich die Beantragung des Erlasses einer EINSTWEILIGEN ANORDNUNG. Ein Anwaltszwang besteht vor den Sozialgerichten in der ersten Instanz nicht.

III. Übersicht zum Verfahrensablauf

- Antrag der hilfesuchenden Person (§ 60 Abs. 1 S. 1 SGB I)
- Gegebenenfalls Mitteilung von Änderungen (§ 60 Abs. 1 S. 1 Nr. 2 SGB I); Bezeichnung von Beweismitteln (§ 60 Abs. 1 S. 1 Nr. 3 SGB I)
- Prüfung des Antrags durch den Träger der Sozialhilfe
- Bei Unzuständigkeit: gegebenenfalls Weiterleitung des Antrags an den zuständigen Leistungsträger (§ 18 Abs. 2 SGB XII)
- Gegebenenfalls Anordnung des persönlichen Erscheinens (§ 61 SGB I)
- Gegebenenfalls Anordnung von körperlicher Untersuchung (§ 62 SGB I)
- Gegebenenfalls Beweiserhebung (§§ 20, 21 SGB X)
- Gegebenenfalls vorläufige Leistungen bei umstrittener Zuständigkeit der Träger (§ 43 SGB I)
- Entscheidung durch Erlass eines Verwaltungsakt (§ 31 Abs. 1 SGB X)
- Schriftform
- Begründung (§ 35 SGB X)

- Rechtsbehelfsbelehrung (§ 36 SGB X)
- Bekanntgabe (§ 37 SGB X)
- Bei ablehnender Entscheidung:
- Widerspruch schriftlich oder zur Niederschrift bei der Behörde
- Frist: ein Monat
- Widerspruchsbescheid
- Klagefrist: ein Monat
- Klage vor dem Sozialgericht
- Bei besonderer Eilbedürftigkeit gegebenenfalls Antrag auf Erlass einer einstweiligen Anordnung gem. § 86b SGG an das Sozialgericht

Zusammenfassung:
Im Verwaltungsverfahren ist die hilfesuchende Person umfassend durch den Leistungsträger zu beraten, damit die normierten Ansprüche auch realisiert werden können. Die hilfesuchende Person hingegen hat verschiedene Mitwirkungspflichten zu beachten. Werden diese nicht erfüllt, droht sogar die Leistungsversagung.
Gegen den Bescheid des Sozialhilfeträgers kann innerhalb der Monatsfrist Widerspruch eingelegt werden. Die Behörde überprüft den Sachverhalt erneut und erlässt einen Widerspruchsbescheid. Wenn der Bürger auch mit der darin enthaltenen Regelung nicht einverstanden ist, besteht die Möglichkeit zur Klage vor dem Sozialgericht. Auch hierfür gilt die Frist von einem Monat.

Stichwortverzeichnis

F

G

H

J

K

V

W

Z